越早學越好！
給女兒的
性教育

Let's
talk about
sex

簡郁璇　　金民英
譯　　김민영　著

딸아,
성교육 하자

國家圖書館出版品預行編目(CIP)資料

越早學越好！給女兒的性教育：從身體發育到遠離性暴力，陪
伴女兒安心長大的 55 個性教育解答／金民英著；簡郁璇譯. --
初版. -- 新北市：大樹林出版社，2022.10
面；　公分. --（育兒經 07）
譯自：딸아, 성교육 하자
ISBN 978-626-96312-4-7（平裝）

1. CST：性教育　2. CST：性知識
3. CST：青春期　4. CST：親職教育

544.72　　　　　　　　　　　　　　　111013767

大樹林學院

www.gwclass.com

育兒經 07

越早學越好！給女兒的性教育

딸아, 성교육 하자

從身體發育到遠離性暴力，陪伴女兒安心長大的 55 個性教育解答

作　　者／金民英（김민영）
翻　　譯／簡郁璇
主　　編／黃懿慧
校　　對／楊心怡、邱月亭
封面設計／木木 Lin
排　　版／菩薩蠻數位文化有限公司
出 版 者／大樹林出版社
營業地址／23357 新北市中和區中山路 2 段 530 號 6 樓之 1
通訊地址／23586 新北市中和區中正路 872 號 6 樓之 2
電　　話／(02) 2222-7270　　傳　　真／(02) 2222-1270
官　　網／www.gwclass.com
E - m a i l／notime.chung@msa.hinet.net
Facebook／www.facebook.com/bigtreebook
發 行 人／彭文富
劃撥帳號／18746459　戶名／大樹林出版社
總 經 銷／知遠文化事業有限公司
地　　址／新北市深坑區北深路 3 段 155 巷 25 號 5 樓
電　　話／02-2664-8800　　傳　　真／02-2664-8801
初　　版／2022年10月

定價　台幣／450元　港幣／150元　　ISBN／978-626-96312-4-7

大樹林出版社—官網

大樹林学苑—微信

課程與商品諮詢

大樹林學院 — LINE

預購及優惠

致所有孕育宇宙的父母

我從大二起便懷有一個夢想——成為改變大韓民國的性教育講師。可惜在大學期間，縱使我遍尋各種方法，還是找不到任何一所訓練性教育講師的機構。無奈之下，我只好將夢想暫時擱在心上，先找一份與我主修科系有關的工作，在社福中心負責青少年的輔導。直到我接觸了各式各樣的青少年後，再次深感性教育的重要性，於是毫不猶豫地前往首爾接受性教育專業機構的講師訓練。

第一次試教完畢後，一位態度高傲的前輩對我毫不留情地批評：「妳不適合教課，反而還比較適合諮商，我看妳不如就往那個領域發展吧！」

這句話讓我對成為性教育講師的夢想澈底死了心。儘管後來收到幾次授課邀約，但一想到自己不適合教課，便全數拒絕了。直到研究所攻讀諮商心理學時，我突然領悟：「只因為他人的評價就放棄挑戰自我，這樣也太傻了！」這時剛好有人邀請我去講課，於是我便收起心中的忐忑，鼓起勇氣接下人生的第一堂講課邀約。

大概是我有新手運吧，或者是被我發自內心、全力以赴準備的心意感動，第一堂課便有學員情不自禁地流下淚來；還有人抓著我的手向我致謝，直說自己很幸福。聽別人說，諮商心理師只要做個十年、二十年，功力自然會大增，但有件事卻無法再重新體驗，那就是回到初次面對個案的瞬間。同樣地，我也無法忘記第一次公開在大眾面前上課時，那既期待又緊張的心情，或許就是那一刻所帶給我的動力，支撐著我選擇繼續當講師，直到今天。

　　如今講師生涯已邁入第十一個年頭，我依然喜歡聽別人上課勝於我自己講課，因為「性」這個主題至今仍不斷變化，以基本真理為基礎，跟隨社會文化脈動，人們對性的理解與認知也一再改變。雖然變化使人無所適從，卻也樂趣無窮。加上醫療與科學的進步持續帶動知識發展，使得這塊領域變得更有趣、充滿魅力。

　　每個年齡層的孩子都會有該年齡需要發育的部分，當孩子的發育比同儕慢時，父母難免會焦慮不安；一旦判斷孩子在哪方面有所匱乏，即便是要讓孩子接受治療，也會想盡辦法讓他和同儕並駕齊驅。有趣的是，唯獨在「性」方面的發育，多數父母都希望能越晚越好。如果孩子在語言、運動、學業這些領域開竅得比同儕早，父母就會樂見其成；可是只要提及性方面，就連孩子開始發育這件事都令父母退避三舍，可說是相當矛盾。其實，發育都有一定的時機，如同語

言、運動和學業一樣，性的發育也必須在適當的時機進行，孩子才能健康地成長。

關於性知識的養成，並不是我們一再拖延，然後期待孩子二十歲那天就會突然理解，而是應該從小就配合孩子的年齡和發育程度，循序漸進地對子女進行性教育。如此一來，當孩子長大成人時，才能做出符合標準的自主行為。何況時代已不若以往，如今不再將「缺乏主體性」視為女性的美德，女性也逐漸開始發聲，努力將自己的聲音反映在社會上。我們的女兒就生活在這樣的變化裡。

最近這三、四年可說是「性」觀念與認知大風吹的過渡期。「性」的議題開始在社會浮上檯面，然而多數父母並沒有在童年接受過完整的性教育，無法跟上快速變遷的世界以及龐大的資訊消息，偏偏在這過渡期中，他們卻又肩負著教育孩童正確性觀念的關鍵角色。

面對三天兩頭就爆出與「性」相關的社會議題，我每天都會遇到跑來向我求助的父母，他們擔心孩子是否也會暴露在危險之中，又或者擔心孩子會不會傷及他人。如今多數父母都已意識到性教育的必要性，然而就現實層面來看，無論是從網路所接觸到的性內容，或是面對子女的快速發育，都讓父母感到無所適從。

令人惋惜的是，上課時間往往有限。一般來說，父母教育課程都會進行一小時半到兩小時，即使花心思分配讓大家

發問的時間，在課程結束後，還是會有許多父母跑來向我提問。正因如此，我決定將過去與父母之間的問答集結成冊，倘若在日常生活中碰到與性相關的議題時，希望這本書多少能成為父母即時的依靠。

本書第一章為緒論，探討父母應培養何種視角來看待子女（尤其是女兒）的基礎性教育。通常，孩子有關性的言行舉止，多半不會馬上演變成重大問題。重要的是，面對孩子在性方面的言行舉止，以及與性相關的提問時，父母應以何種態度來看待。因此，可以把這一章想像成是讓父母練習「以全新的視角取代既有的視角」就行了。

第二章是整理孩子在青春期「之前」會面臨的問題；第三章則是孩子在青春期「之後」會發生的事情。這兩章內容主要是蒐集過去課堂上大家經常提出的問題，並找出與孩子所發生情況類似的主題給予答覆。

第四章則是整理近年屢見不鮮的數位性暴力事件，以及日常中可能發生的性暴力情境，為家長說明當下的應對方法與教育重點。本章以真實發生的性暴力諮商案例為基礎寫成，我們可以從這些案例中得知，在你我身旁經常發生的性暴力事件是怎麼發生？我們又該如何去應對？

第五章彙集過去我在講授小班制與學校制的性教育課程、以及我在進行諮商時，孩子經常提出的問題。並整理出當孩子要求諮商時，基於專業立場，我會給予什麼樣的

答覆。父母在閱讀本章內容時，可能就會豁然開朗，明白「啊，原來這樣回答就行了。」或者「只要回答這些就行了啊！」

即使是家中只有女兒的父母，如果能同時搭配套書《越早學越好！給兒子的性教育》一起閱讀，女兒所接受的性教育就會更全面且豐富。

非洲有句俗諺說「養育一個孩子長大，需要整個村莊的力量」，性教育也相同，不是只靠社會或教育機關就行了，也不是單靠家庭的努力或專家的介入就夠了。為了讓孩子培養出健康的「性」觀念，所有大人需要齊心合力。

目前的性教育進步空間依然很大，但已逐漸有了改變。雖然只限於特定年齡，但現在有了性知識的義務教育，法律也在逐步修訂。如今家庭內也該有所行動了，父母煩惱「孩子的性教育，該從哪裡開始」、「應該對孩子說明到什麼程度？」等問題，全都收錄在本書中。因此，請各位父母相信並依靠這本書。

但願我們的女兒能成為更自由、具有主體性的大人，也由衷地請求父母多加努力、勤加學習。

金民英

推薦序一

親子共讀頻道「我們家的睡前故事」主持人、小妹媽媽

許伯琴

不論生養了幾個孩子、她們長到多大、我自己又老了幾歲，拙於開口的話題也不會隨著光陰的流逝就變得容易一些。面對「性教育」，應該不只是我這三個女兒的老媽，也困擾著絕大多數的父母吧？

我家三個女兒的年紀相差非常多，老大和老二差了 12 歲，跟老三更差了 18 歲。每一個孩子的成長都剛好處在很不一樣的社會氛圍中，對性教育的落實也從有點模糊的、盡量帶過點到為止，到現在的資訊量大爆炸，不怕你查不到只怕你不去找的狀態。

在看這本《越早學越好！給女兒的性教育》時，我邊看邊覺得好對不起前面兩個已經「熟了」的女兒哦！有太多重要的事我沒有趁還小的時候開始提醒她們，對於鼓勵她們去思考「性」不只是一種行為，還與社會、人權、尊重、界線、法律等許多層面有關，這個部分我做得真是不夠多！

因為她們是女兒，我直覺就把「保護」擺在第一優先，但這本書灌醒了我：「守護的教育」其實等於是「受害者預

防教育」，我只期許自己的孩子躲避危險、處處提防、在驚險或僥倖中平安長大就好？這未免也太消極了吧！

就因為她們是女兒，我更應該帶著她們一起轉守為攻，從消極的防禦，進化成積極的「表達」啊！鼓勵她們、支持她們，讓她們知道遇到任何困難都該勇敢表達，毫不遲疑也不心虛地爭取自己身體的自由權！當有人企圖侵犯妳時大聲的嚇阻對方並尋求協助，作者說：「永遠不要把委屈變成習慣！妳是自己身體唯一的主人。」

喊完口號之後，有沒有前途一片光明的感覺？

嗯……大概只開心了三分鐘吧！因為，性教育和性犯罪預防的等級可沒停在原地等你跟上呢！

現代孩童面臨到的問題正光速地不斷進化，20 年前你只要注意孩子有沒有在上色情網站，但馬上就出現了網路性霸凌這個語詞，緊接著，天天都能在社會新聞看到網路性誘拐、數位性犯罪，而韓國的 N 號房事件又怎會只是單一個案？它極有可能就發生在你我身邊、你認識的孩子身上。

為了躲避在世界上亂竄的疫情，我們的孩子們這幾年大量使用網路做為課業學習、生活消遣、人際互動的管道，父母不但快要追不上孩子在資訊汪洋中的吸收速度，也快要沒有過濾或把關網路安全的能力。

但是，數位性犯罪最可怕又令人頭痛的地方就是，它不受時空的限制又容易偽裝，網路性誘拐的加害者極熟悉操縱

孩子的心緒，沒有防禦力的孩子根本沒發現自己遭到侵犯，家長也很容易失去警覺。當看到本書裡提到「一個加害者只花 3 分鐘就能跟你的孩子開啟性話題」時，真的是讓人膽戰心驚。

好在，本書也清楚列舉出了多項預防數位性犯罪的方法，相信焦慮緊張如我的父母，閱畢後能重生勇氣、得到心法，可以很有底氣的陪伴孩子過關斬將，擁有自主且健康的正確性教育觀念！

推薦序二

不會教小孩行動聯盟常務監事、作家

譚淑婷

很多父母會將孩子無窮無盡的提問，視為挖掘孩子天賦的起點，因而開始選購天文知識類書籍、蒐集生物科學影片，或者送孩子參加各種知識類營隊，那麼如果孩子問的是性呢？父母可能突然間忘了如何積極回答，或是根本嚇到驚慌失措，要微笑輕鬆以對或是和孩子一同找答案，實在不容易。沒關係！因為爸媽最擅長的勸勉就是要孩子好好讀書，所以你只要跟孩子說：「一起來讀《越早學越好，給女兒的性教育》吧！」就能找到很好的答案。

如同稍早出版的《越早學越好，給兒子的性教育》，作者金民英在這本《給女兒的性教育》裡，書寫的內容完全打破性別分野，無論你和孩子的性別為何，都適合一起閱讀，性教育不應該是困難重重、難以啟齒，透過這些優質出版品，親子共讀、共學性教育可以充滿樂趣，而且和語言、運動、學業等其他教育一樣，越早開始越好！

現在父母困難的地方在於，我們沒有接受完整性教育，但已經稍稍意識到性教育的必要性，內心不免焦急，青春期

前，孩子要知道哪些事？青春期後，孩子可能會發生哪些情況？孩子會不會遭遇性暴力或是網路上數位性暴力，要如何防範與應對？

父母的首要之務（也是本書重點），就是讓自己有全新的視角看待性教育，過去想到性，你可能只想到性行為、懷孕、生產與避孕（Sex education），但我們要給孩子的是全面的性教育，包括社會上的性、性暴力、性價值觀、各種與性有關的社會議題（Sexuality education），讓孩子不只是具備性的知識，還能有自己對於性的想法，明白對性的感覺、建立對性的標準，不用問父母「我可以做些什麼」，就能在必要時刻做出正確的選擇。

坊間性教育書籍常以保守、防護性的內容為主，關於自慰與情色內容，常常落在男孩篇章，在女孩篇章消失無蹤。作者金民英特別提醒，根據性別給予不同的性教育，是錯誤的教育方式，唯一的用處就是讓孩子形成老舊的性別刻板印象。因為性教育的目的是「理解並尊重自己與對方的異同」。同樣道理，也沒有「媽媽比較適合教女兒性教育，爸爸教兒子比較好」的說法，媽媽當然可以就自己的生命經驗，提出性別平等的重要性，爸爸也能和女兒談論不同性別的成長經歷，以及自己與異性的相處關係，率先和孩子練習如何建立個人界線。

舉例來說，而當孩子說，班上同學開的性玩笑讓人感到

不舒服時，父母要能讚美孩子明白自己的感覺，並鼓勵他們絕對可以主張自身權利、如實表達喜惡。這一切不太容易，很多成人也做不到，所以父母、教師絕對有義務親身示範，讓孩子知道性教育不只是生理知識的學習，最終是建立「尊重他人」的性價值觀。

閱讀本書書稿時，我正好看到網路家長社團，討論孩子偷偷儲值遊戲帳戶該怎麼辦，不少家長第一反應都是禁止與沒收，但本書給了最好的提醒，許多性犯罪加害者的第一步，就是先成為孩子依賴的對象，讓無法從家庭得到需求與認同的孩子，獲得經濟和人際的依賴因而被控制，以至於當孩子成為性暴力的受害者時，根本無法向家人或老師求助。期望各位家長能從性教育起步，提供孩子被認同、肯定、關心、得到共鳴的現實生活，讓他們對於自己的價值沒有感到猶豫的可能。

目　錄

第一章 ── 女兒性教育 敞開胸懷，大步靠近吧

第二章 ——————— 性教育，
越早學越好

第五章 ——— **女兒好奇的
十二件「性」事**

結語

你的性知識合格嗎？

（填寫以下是非題的答案）

編號	題目	O	X
1	男性的龜頭與女性的陰核是相同器官。		
2	男性的一生都會製造精子。		
3	女性出生時就擁有一生要排出的卵子。		
4	月經來了之後，就會停止長高。		
5	青春期時，只有碰到性刺激才會勃起。		
6	排卵後，卵子平均能存活 12～24 小時。		
7	孩子的性別，是由卵子和精子受精的那一刻決定。		
8	青少年可以購買所有種類的保險套。		
9	不需要處方箋，就能在藥局購買事後避孕藥。		
10	只有親吻不會感染性傳染病（性病）。		
11	子宮頸癌是性傳染病的後遺症，有 99%是因為發生性行為染病。		
12	性暴力多半是有計畫性，而非偶發的。		
13	性暴力是因為性別不平等、性認知不足所造成。		
14	成人看色情刊物或影片是合法的。		
15	「男性化」或「女性化」是一種性別刻板印象。		

答案

1	○	2	×	3	○	4	×	5	×
6	○	7	○	8	×	9	×	10	×
11	○	12	○	13	○	14	×	15	○

查看結果（正確的題數）

11～15 題：健康的綠燈！
你對性不存有偏見，具有健康的認知。把你對性的正確價值觀分享給周圍的人吧！

6～10 題：黃燈，要注意了！
你雖然具有健康的性認知，但仍有待加強。

0～5 題：紅燈，需要多加油！
從現在起，努力學習性知識，培養健康的性觀念。

第一章

女兒性教育
敞開胸懷，大步靠近吧

❶ 父母應該先接受性教育

　　授課十餘年，儘管課程內容持續在調整，但聽眾的水準和反應極為不同。即便是在五年前，當我強調性教育的必要性、越早開始越好時，有很多父母依然會猶豫不決，或者延遲教育孩子的時機點。但最近的趨勢是，就算我不必特別強調性教育的必要性，父母也會主動來聽課。可是，就連這些來聽課的人也經常吐露，當真正要替孩子上性教育時，都會不自覺地心生退卻。

性教育讓父母遲疑不決的原因
　　孩子的性教育讓父母遲疑不決的原因，可分成三大類：

第一類　缺乏學習榜樣
　　我們的人生是以經驗與學習為基礎，並在經驗中與他人溝通，特別是關於子女教養，多半是承襲父母的做法。每次

詢問上課的父母時，幾乎沒有人是在成長過程中從自己的父母身上學習性教育；因此，很自然的，大部分人都不曉得該如何向孩子傳達「性」的概念。也可以說，就連父母都處於剛起步的學習階段。

第二類　缺乏知識

　　隨著「性教育很重要」的認知在社會上擴散開來，近幾年教育部才將其訂為鼓勵提倡的教育。舉例來說，如果詢問目前身為父母的世代：「你曾經在學校上過性教育的課程嗎？」只有三分之一的人會回答「是」。可是，如果再追問：「你所接受的性教育，不只是在上家政、生物或體育課稍微提一下，而是完整的性教育嗎？」這時，大部分的人都會回答「否」。這表示大家都不曾接受完整的性教育，而且多半不是靠教育，而是靠經驗獲取知識，或者從別人口中聽來，再不然就是謠傳。因此，多數人都不曉得該向孩子傳達哪些知識，該使用哪些用詞，又該說到什麼程度才好。

第三類　因為「教育」二字讓人倍感壓力

　　說起「在家中替孩子上性教育」時，總會給人一種嚴肅呆板的感覺，好像必須先讓孩子們乖乖坐好，告訴他們準確的性器官名稱或正確的性知識之類的，讓人沒來由地產生壓力。其實，父母不要覺得是在教育子女，只要想成是與孩子

對話就好了。如果不改變這個想法，在教導子女性教育時，就會一直很尷尬、有壓力。讓聽眾坐好並傳授知識，是性教育專家採取的方式，父母只要提及「在日常生活中會碰到的性」就行了。

不要把它當成性知識的教育，而是從平常就能分享討論的各種主題中挑出「性」這個話題，然後藉由自然的對話讓孩子領悟、自行思考。看電視劇、電影或新聞時，如果能加以連結，並把正確的性概念告訴孩子，性教育就能在潛移默化下落實。因為父母和孩子們的相處時間最長，關於性的話題，由父母來談的效果更好。

性教育之前，父母必須知道的三件事

那麼，為了能自然地進行性教育，父母應該事先知道哪些事情？

第一，必須意識到性教育的模式已有所改變

過去提起性教育時，就只會聯想到懷孕、生產與避孕等生物學上的性，也就是「Sex education」，但如今我們的孩子們學習的是「Sexuality education」。因此，不只是生物學上的性，還包括了社會上的性、性暴力、性人權、性價值觀、對性的情緒與感覺、想法與標準、社會結構和社會議題等，這即是聯合國教科文組織所說的「全面的性教育」。即

便是在家庭中，除了讓孩子們明白我們身體的名稱與其重要性，幫助孩子建立正確的性知識、對性的標準與價值觀，性教育都是不可或缺的。

第二，必須了解到孩子們發育很快，性教育的時機點也要提前了

　　現在依然會有父母問起：「我們家孩子才就讀小學五年級，還很單純，如果現在就替他上性教育，應該太早了吧？」韓國平均初經來的年紀是十二歲，孩子出現第二性徵之前，就事先性教育是極為關鍵的教養。因此，父母也要盡快下定決心並做好準備。為了讓孩子能敞開胸懷接受自身的變化、懂得愛自己，掌握適當時間點比什麼都重要。

第三，父母的介入必須比網路更快速

　　我們生活在網路最快速的國家中，加上網路設施完善，無論是任何資訊，我們的孩子們都能輕鬆快速地在網路上找到。但如同有光明就有黑暗，遼闊的資訊海洋不會只提供正確的資訊，特別是關於「性」。網路上充斥著未經過濾的內容，加上孩子們尚未具備分辨資訊的能力，因此，我們不能放任孩子透過網路來消除對性的好奇心，父母必須比網路更早介入，並把適當且正確的性知識告訴孩子才行。

性教育是一種價值觀教育

進行性教育之前，父母首先必須了解的前提是，性教育不是一種知識教育，而是價值觀教育。想想看，為了養成孩子「看到大人時必須打招呼」的價值觀，父母花了多少時間在反覆教導這件事？即便是還不會說話，也不懂得表達意思的小寶寶，我們也經常會教導他們「跟媽媽（或爸爸）說再見」和「要跟爺爺、奶奶問好」；如果孩子長大後具有良好的語言理解能力，我們就會更強調問候的重要性。隨著孩子進入托嬰中心、幼兒園及小學，需要打招呼的對象也陸續增加。當孩子逐漸長大，腦中就會牢牢記住自己必須打招呼，必須遵守日常禮儀的「事實」。價值觀就是以這種方式教育，是從孩子出生那一刻開始，持續反覆地教導他。

價值觀教育還有個重點，就是父母不必多說什麼，孩子就會自然地沿襲他們的價值觀；因此，由不懂得問候大人的父母養大的孩子，也會成為相同的人。性也一樣，當父母對性抱持正面且健康的價值觀，就會直接影響到孩子，反之亦然。唯有父母灌輸正向的性價值觀，孩子才能自行彙整對性的知識、想法、感覺和標準，並在必要的時刻做出正確的選擇。這就是性教育必須是一種價值觀教育的關鍵原因。

父母對子女性教育遲疑不決的原因，不在於父母不夠好，而在於缺乏經驗。因此，先從父母開始累積經驗與學習，並與專家攜手合作吧。當父母做好心理準備之後，就能

在日常生活中和孩子閒聊性相關的話題；至於性的專業領域，則交由專家協助，如此一來，我們的孩子就能建立健康的性觀念。

最重要的一點，請務必銘記在心：對孩子來說，最棒的性教育老師就是父母。

⓪② 女兒的性教育，
   應該從何時開始？

　　從父母私下委託我們的情況來看，讓兒子接受性教育的比例較高。這是因為一般人認為，兒子要比女兒更早、也更頻繁出現與性有關的行為。此外，雖然大多數的媽媽都對子女教育不遺餘力，但說到要替兒子上性教育時，都還是會感到棘手，所以才會向專家尋求協助吧。

女兒的性教育，應該從懷孕時就開始

　　經常有人會問，性教育應該從何時開始，而我總是回答：「越早學越好。」尤其是女兒的性教育，我認為應該從寶寶還在媽媽肚子裡時就開始。這不是要媽媽向肚子裡的寶寶傳達什麼，而是指在對女兒進行性教育之前，媽媽就應該先做好心理準備。

　　因為是女兒，所以用保護的名目過度壓迫孩子，或者套

用有別於兒子的標準，就等於把父母與社會所認定的女性特質強加在孩子身上一樣。父母應該在孩子出生之前，就花點時間學習與思考，避免用性別歧視的觀點來養育孩子。儘管社會也為男性訂立了許多標準，但相較之下，社會對女性設定的標準要更多。因此，父母需要充分地思考這種標準是否恰當，以及身為父母，如何在社會標準與孩子的主體性之間取得平衡。

擺脫男性主動與女性被動的框架

前面提及，過去對兒子進行性教育的比例較高的原因，在於一般人認為男孩子出現性相關行為的時機較早，頻率較高，也較明顯。而在某種程度上，也是因為社會氛圍對此抱持開放的態度所致。相較之下，關於女孩子在性方面的行為，則通常會被視為行為不當；或者女兒出現與性相關的行為，但父母沒有處理過的經驗；又或者父母想對女兒進行性教育時，多半會覺得太大膽開放，因而遲疑不決。

舉例來說，數年前曾出現這樣的教育內容：當兒子進入青春期時，可能會出現自慰行為。因此，父母要記得替兒子準備品質良好的衛生紙。剛開始父母雖然多少受到衝擊，但反應卻相當熱烈，甚至提起「兒子青春期」時，就會聯想到「舒潔衛生紙」。可是教育內容卻完全沒有提及女兒進入青春期後，父母應該採取什麼樣的態度。這是因為韓國社會

至今依然存有「男性主動，女性被動」的偏見，在過去更強調——男性必須主動積極，女性則必須被動消極，並扮演忍耐與等待的角色。也因此，提到女性必須積極學習「性」的時候，大家都會格外小心翼翼。

男女應該同享自由與主體性才對，但一邊被強迫要主動，另一邊卻被要求被動，這無疑是讓兩邊都揹負沉重的包袱。我們不能再讓女兒變成無法表達喜惡，也無法提出自身標準的孩子，同時我們也必須打造出能尊重其表達與主張的社會。因此，女兒的性教育一定要從這樣的觀點與態度去實踐不可。

說到性教育，性別並不重要

直到幾年前，男性的性教育主要是與自慰、情色內容有關，但在進行女性的性教育時，卻小看了女性自慰或觀看情色內容的可能性，只教導懷孕健康管理、終止妊娠手術的危險性等。這顯示出我們會根據性別的不同，在性教育上採取不同的切入點。只要思考一下性教育的目的，就知道這種切入點是錯誤的。

我們為什麼要進行性教育？

性教育的目的，在於「理解並尊重我與對方」，是為了充分了解我與對方的身體、心情與想法，接受本質上的異同，並對彼此給予尊重。性教育是一種人性教育，也是關係

教育；進行性教育時，性別並不重要。我們不必根據性別區分學習的內容，也無須根據性別而採取不同觀點，若是那樣做，反而才會讓孩子形成性別刻板印象。

過去我們多少都帶著重男輕女的語言和內容來進行性教育，就算說「女性的需求」與「對女性的理解」被排除在外也不為過。所以，我們不曾特別地思考女兒的性教育，也不曾把女兒的變化和需求拿出來討論，也許就是因為這樣，女兒的性教育才會比兒子的性教育起步得晚吧！

既然起跑點已經遲了，此時也該來討論女兒的性教育了，這件事刻不容緩，我們必須更積極地介入才行。性教育是人類應該學習的基礎教育，學習性教育，也等於是在學習成為一個「人」。

03 爸爸、媽媽各司其職

　　去替父母上課時，總會碰到一個問題：「該依據性別來決定由誰對孩子進行性教育嗎？」每次我的回答都是「看兩人之中誰比較有信心就行了」。這句話指的是看誰的相關知識比較豐富，或者認為自己可以比較自在地跟孩子討論，又或者兩人一起進行也可以。如此一來，與孩子們對話時就會更得心應手。

媽媽扮演的角色

　　對女兒進行性教育時，媽媽的角色即是成為好的榜樣，以同是女性的角度提供親密連結，並以過來人的身分替女兒指引人生方向，讓她對「性」感到安心。女兒會藉由母親間接體驗女性的人生，不經世事的懵懂孩子，可能會看著媽媽，下定決心成為像媽媽一樣帥氣的女人和大人；也可能看著媽媽辛苦的模樣，思索關於婚姻的一切。

期望女兒成為獨立自主、自信十足的女性，最好由媽媽以身作則。但是，就社會整體氛圍來說，媽媽的成長過程中嚴重缺乏性別平等的觀點，與女兒要面對的世界可能會產生落差。這時不妨與女兒分享媽媽的經驗，像是以「這方面可以多加把勁」、「這方面倒也不必做到那樣」的方式討論各種觀點，也是不錯的方式。

　　好比說，媽媽能多用這樣的方式傳達訊息：「身為過來人，媽媽認為女人不必凡事隱忍，看別人的眼色，同時放棄自己想做的事。所以，媽媽希望妳不要因為是女生，就覺得自己必須放棄或忍讓。面對任何事，都要勇敢自信地去挑戰。」

　　這時應該小心避免的，就是傳達出悲觀的訊息，像是：「妳不要結婚，女人婚後就無法隨心所欲，還得放棄許多事情。妳讓自己成為有能力的女人，然後一個人生活就好。」或者：「這是個女人難以生存的世界，要是妳是男生就好了。」這些話都要絕對禁止。只要媽媽過得幸福，女兒就很可能成為幸福的女性，因此媽媽也要像對待孩子和老公一樣，好好珍惜、愛護自己，把重心放在自己身上，讓孩子自然地看到媽媽幸福的模樣。

爸爸在女兒的性教育中扮演的角色

　　對女兒進行性教育時，爸爸的角色相當重要。爸爸是女

兒出生之後第一個遇見的男性，也是關係最親密的男性，女兒可以事先體驗並練習與異性的關係。因此，我們可以說，爸爸在女兒面前做出何種言行舉止，形成何種關係，將會影響到女兒在成長過程中與異性的關係。

就這點來看，爸爸在日常生活中該對女兒進行的性教育沒有別的，就是「尊重」。就算女兒再怎麼惹人疼愛，讓爸爸恨不得每天都摟在懷裡，但仍要從孩子小時候就給予尊重。即便孩子好像什麼都不懂，也要時時徵詢她的意見，當孩子表示抗拒時，就應該立即停下。尤其是肢體接觸，爸爸必須養成事先詢問女兒的習慣，像是：「爸爸覺得妳太漂亮了，可不可以抱抱妳、親親妳？」當孩子說不要時，許多爸爸會基於失望而開玩笑說：「真的喔？現在妳都不親爸爸了嗎？妳親一下，爸爸買炸雞給妳吃」或者「我們○○都不親爸爸，以後不買玩具給妳了」就算只是開玩笑，支付代價以換取身體接觸的言論仍非常危險。

想跟孩子有身體接觸時，如果孩子說不要，先別急著失望，而應該爽快地接受並說：「好，妳說不要，爸爸就不做」。唯有如此，孩子才會認為表達自身意願是自然且理所當然的。習慣成自然，往後孩子結交朋友時，也會具備說「不」的勇氣。

還有一點，爸爸需要留意自己在家中的穿著與行為舉止。有些爸爸在家穿得太隨便，洗完澡後只穿著內褲，或者

連內褲都沒穿就跑出來，他們以為孩子們可能沒看到，但其實孩子們都看在眼裡。每當我到幼托機構教育孩子，提到即便在家中也不能脫光光到處亂跑時，一定會有小朋友舉手發言：「老師！我在家裡都有穿衣服，但我爸爸都沒穿！請老師跟我爸爸說一下。」平常爸爸的行為舉止總會帶來一些令人哭笑不得的情況。如果爸爸在家時也能穿上睡衣或居家服，就能守住家人間的禮儀。

父母共同分擔責任

一旦結婚生子，父母要做的事真是多到說不完，包括洗衣服、打掃、買菜、做菜、維持生計等，不僅種類多，工作量也很繁重。當我在課堂上詢問孩子：「家事都是誰在做呢？」基本上他們都會回答：「大家一起做！」但等我問起「那今天回家之後，是誰負責打掃房間？」時，孩子們多半會回答：「媽媽！！」這件事意味著，即便在學校學習並理解平等的概念，也沒有落實在孩子們的日常生活中。如此一來，孩子就會在學習與日常之間感到錯亂。因此，只要是在家中做的每件事，都不要區分誰的責任，而應該讓孩子看到共同分擔的樣子。

孩子的性教育也相同。爸爸與媽媽在各自的角色上對孩子造成影響，並在家庭中打造出性別平等的氛圍，孩子就能帶著開放的想法，不帶偏見地成長。

04 先檢視父母的態度與言行舉止

　　有些人認為，女兒的性教育不比兒子的性教育重要，或者不知如何著手，其實我們只要記住這件事就行了：「學習性教育時，性別並不重要。」透過性教育，孩子要學習的是人際關係，比起男女的性別差異，更需要集中在「人」本身。

來檢視過去至今的態度吧

　　「你的女兒會怎麼稱呼生殖器？」

　　這是我在替父母上課時會提出的問題。多數人會回答：「好像不會說得那麼露骨」或「她會說那邊」，極為罕見的情況下會有人回答「妹妹」，又或者說出「小妞妞」。相反的，問兒子怎麼稱呼自己的生殖器時，有百分之百的人會回答「雞雞」。從生殖器的名稱開始，我們就區分兒子和女兒（性別）了。明明不是有意的，可是為什麼「雞雞」可以說得這麼容易，「妹妹」卻無法輕易說出口呢？這可能是我們

對不同性別的感覺。既然女兒的生殖器也有明確的名稱,像是妹妹、陰脣、生殖器、性器等,我們在對女兒聊起身體的話題時,也應該像對兒子一樣,以明確的名稱講清楚才對。假如家中同時有兒子和女兒,直接以「男生有陰莖,女生有陰脣;還有個名詞叫做生殖器,可以同時指陰莖與陰脣」來解釋也是不錯的做法。

除此之外,仔細地思考一下,面對兒子自慰與女兒自慰、穿著打扮、張開腿坐著、房間凌亂不堪等情況時,自己對兒子和女兒嘮叨的台詞是否不同,平時會不會說「妳是女生……」、「你是男生……」,又或者以不同的心態看待。

揮別守護的教育,迎接表達的教育

父母在學校接受的性教育,特別是媽媽們——學習的性教育多半是「守護的教育」。與其說是「守護的教育」,更精準的說法是「強迫」守護的教育,內容以「要守護純潔和貞操,不要做出玷汙身體,毀了自己一生的行為」為主。某些學校甚至會播放妊娠終止手術的影片,讓學生宣誓婚前守貞。接受這種教育的結果,會導致當問題發生時,許多受害者會產生「是我沒守護好自己的身體」的想法,而不敢報警並選擇獨自承受。不過,世界已開始慢慢改變了,在二〇一八年發起的「#Me Too運動」,就成了讓受害者紛紛鼓起勇氣站出來的契機。

那麼，生活在此刻，我們教育孩子們的方式有所不同了嗎？我們能說目前已澈底擺脫父母那一代所接受的守護教育了嗎？雖然情況要比過去好多了，但「守護的教育」依然留存在你我身邊，換個說法來講，可稱之為「受害者預防教育」——如果不想遭受性暴力，當事人就必須自我保護，不能在深夜還穿著裸露的衣服在外頭亂晃、不能隨便跟著男人走、戀愛時也得小心男朋友等。

　　但如今應該有所改變了。我們要給予孩子的不是「守護的教育」，而是「表達的教育」。表達的教育，指的是培養孩子在面臨困難的情況下，能毫不遲疑地提出符合自身標準的主張或提議。就算無法當場說出來，也不會一個人躲起來承受痛苦，而是懂得告訴周圍的人，請求協助，而這就是主體性。

　　此外，我們更需要進一步打造出能接受孩子表達意見，並為它們提供協助的社會。

讓孩子懂得愛自己

　　為女兒上性教育時，需要注意一個地方，就是要讓孩子懂得愛自己、接受自己。為此，我們必須持續讓孩子感覺到女性擁有美好的人生，女性的身體是值得疼愛的，還有女性的存在與男性的存在並無不同，都需要獲得尊重。

　　青春期與第二性徵中，最值得關注的一件事，男生要屬

夢遺，女生則是月經。不過，有很多男生不會發生夢遺的現象，這並不是什麼太大的問題，但每個女生都會有月經，所以如果到了國二、國三還沒有月經，就需要接受身體檢查。

假如缺乏任何事前指引，女兒碰到月經初次來潮與經血時，可能會頓時感到茫然與心情不快，有些孩子甚至會受到衝擊。關於這部分，重要的是給予事前教育，讓孩子對自己的身體發生的變化產生期待的心情，並以正面的心態迎接。

希望各位父母能從旁協助，讓孩子坦然接受像月經一樣只有女性才會經歷的珍貴變化，並祝福自己。假如孩子在成長過程中，因為自己身為女生而受到差別待遇，或是對於女生才會經歷的身體變化產生負面感受，認為女性的人生很苦，就可能對自己的性別不滿意。更讓人遺憾的，這種感受會導致孩子作繭自縛、畫地自限。

所以，進行女兒的性教育時，重要的是讓孩子擁有受到尊重的經驗，讓她以正向的心態自然地接受許多事情。此外，關於女性的人生，父母應該攜手合作，公平分配家事，或者透過平時的日常對話，展現出關係平等的樣貌。

讓孩子成為獨立自主的女性，比傳達知識更重要

進行性教育時，傳達性知識固然重要，但更重要的是培養孩子自主思考的能力，讓她能自由地思考自己想成為怎樣的女性，過怎樣的人生。「自主」意味著懂得以各種面向思

考關於自己的一切；這是指抱持開放的態度，不被社會規範或偏見所動搖，並以此想法為基礎，避免自己受到歧視，或者不向其屈服，活出自豪與自信的人生。

為了使我們的女兒成為那樣的女性，我們需要多分享關於女性的人生故事。幫助孩子以各種角度來思考平等的意義，她就能成為抬頭挺胸、獨立自主的女性。

⑤ 越早學越好，學越多越好

接到小團體的諮詢電話時會碰到以下的情況：父母雖然打電話來詢問性教育課程如何進行，同時卻又憂心「我們家小孩才低年級，會不會太早學了？」、「孩子現在讀五年級，如果讓他上性教育課程，孩子會不會因此大開眼界？」等問題。那麼，何時才是讓孩子接受性教育的最佳時機呢？

性教育從四到六歲開始

直到一、兩年前，當我問起何時是為孩子上性教育的時機時，依然有不少人回答「在進入青春期之前」，可是最近有許多父母認為應該從四到六歲開始。事實上，性教育應該從襁褓時期開始，並在日常生活中持續落實。提到「性教育」時，父母可能會覺得心裡有負擔，但只要想成是「開啟有關性的對話」就行了。

雖然有越來越多的父母認為孩子的性教育應該從四到

六歲開始，但要實際採取行動時，卻有不少人感到卻步。有人認為三、四年級就替孩子上性教育，時間上早了一些，但等到孩子上了五年級後，又進入了身體與心理產生變化的時期，因此又不免擔心會不會太晚。

必須比網路更早才行

如同前面說的，孩子的性教育必須比網路更早。

試著拿起手機，在網路上搜尋一下「性（Sex）」吧，你可能會因為畫面跑出許多赤裸的資訊而大吃一驚。「性」這個字眼也就罷了，試著在 Google 上搜尋「男人」與「女人」吧。即便只是搜尋男人與女人，網路上依然充斥著裸露的圖片，而你會暗自祈禱，希望孩子們別看到這些搜尋結果。Youtube 也一樣，只要看一下在 Youtube 上搜尋「性」時會跑出哪些影片，就能很輕易地想像孩子暴露在何種資訊環境之中。更令人堪憂的是，就算你不搜尋任何關鍵字，使用網路久了，與性相關的廣告或內容就會經常出現在你眼前。因為無法澈底封鎖這些搜尋結果，導致孩子只能暴露在毫無過濾的龐大資訊之中。在這種現實情況下，可能造成正在學習如何分辨假資訊的孩子，把品質低劣、錯誤的資訊誤以為真，並以此為基準，建立與性相關的標準與價值觀。

因此，必須趁孩子在網路上搜尋之前，先對孩子進行性教育。我們應該協助孩子，使孩子透過性教育學習正確知

識，並培養出能判斷網路假資訊的能力。

必須比身體出現變化更早

父母申請性教育課程的時機，多半是在孩子開始或即將面對第二性徵的時候。儘管如此，能在孩子發生身體變化前，主動聯繫說要讓孩子接受性教育課程，依然值得慶幸。因為有些人一生都沒有接受完整的性教育，又或者雖然上過課，卻是在身體都已經發育完成之後的事了。所以，當我去上未婚媽媽課程時，經常會聽到有人說，如果在懷有身孕之前就接受這些性教育，或許結果就會有所不同。

進入青春期，身心開始出現變化，是一種孩子生長發育健全的訊號，但有時卻有孩子在經歷變化時感到驚慌失措。當情緒過於激烈，就可能演變成不快，甚至對自己產生不滿，接著這又會與自尊感產生連結。孩子對出現變化的身體產生負面感受，可能會討厭自己並喪失自信心。想要使這種驚慌失措與不快感降到最低，方法就在於事先給予指引，告訴孩子關於青春期變化的知識，還有不需要感到難為情或驚慌，因為這些都是身體在健康成長的訊號。

傳達智慧而不是知識

父母常問：「太早進行性教育，會不會刺激孩子的好奇心？」但這種擔憂是多餘的。就算孩子不刻意搜尋，使用

網路或電視時，早已無數次暴露在與性相關的廣告與刺激之中。

媒體上分明出現更具刺激性的內容，可是父母卻擔憂替孩子進行性教育時會造成刺激，為此感到不安，這等於是自相矛盾。希望各位不要成為和孩子一起收看輔導級的電視劇，卻把性教育漫畫藏起來的父母。此外，與其擔憂性教育帶來的刺激，反而應該對時機已到，卻沒有提供完整性教育的公共教育與社會現實處境提出質疑才對。

儘管我們把性教育想成是單純提供理解身體、預防犯罪、自主選擇的知識與資訊，但性教育傳達的不是知識，而是人生智慧。除了傳達非知道不可的知識，同時也是在告訴孩子，人生中應該如何掌控與享受「性」，該如何訂立及調整標準的方法。此外，當自己與他人的標準不同時，雙方該如何進行對話，還有培養出孩子不輕易動搖、守護自身標準的根據與力量，同樣是性教育所扮演的角色。

智慧並非憑空出現，而是日積月累形成，因此，性教育是越早學越好、學越多越好。這些結合起來後會形成孩子的智慧，而孩子會以這些智慧為基礎，在必要的時間點選擇需要的資訊，應用必要的技巧來談論性，並自行理解關於性的問題。

06 這樣面對女兒的初經吧！

　　就算沒有特殊的契機，家中有兒子的父母也都會提前思考性教育的問題，相較之下，家中有女兒的父母則是在孩子進入高年級，開始出現身體變化時，才會認真思考這個問題。但發生身體變化後才教導孩子，感覺已經有點晚了。尤其是關於初經的知識，最好是提前告訴孩子。那麼，時間點該選在什麼時候好呢？

選在初經來之前

　　想對孩子進行性教育，時間點很重要，而初經教育也一樣。關於初經的知識，重要的是選在孩子還沒來初經之前。

　　替父母上課時，我總會要求媽媽們回想一下自己面對初經時的經驗。大部分女性不是感到高興或欣喜，而是感到驚慌失措、不高興或不太舒服。擁有這種記憶的成人女性通常有個共同點，那就是事前沒人告訴她們關於月經的知識，並

指引她們把月經看成是正向美好的禮物。因此，當父母對女兒進行初經教育時，要事先告訴孩子相關知識，避免她們面對初經時不知所措或感到嫌惡，協助她們建立正面心態。

這種教育不只是為了讓孩子保有對初經的珍貴記憶，更是藉由討論這些話題、對初經抱持正面心態，進而讓孩子認為自己是珍貴的，用愉快的心情去接受包含初經在內的身體變化。此外，就算孩子感到不自在或不舒服，也隨時都能與父母商量，一起摸索改善的方法。

各位爸媽，不能再這樣做了

初經來了之後，女兒和媽媽就多了一個共鳴點，而爸爸也必須把孩子當成成熟的獨立個體，給予尊重，同時更敏感地拿捏孩子的界線。一般來說，由於媽媽是過來人，知道女兒是什麼樣的心情，處於什麼樣的情況，所以在某種程度上能接受這種變化。但對於向來與孩子很親暱、愛女成痴的爸爸來說，要立即與孩子保持距離並不容易。有時，就算爸爸想保持距離，孩子可能也絲毫不以為意，表現得就像以前一樣。

初經來了，表示女兒的第二性徵出現，也代表正在健康發育。這時父母應該要注意的，是訂立家人間的界線，展現尊重的態度，好讓孩子能成為自己身體的主人，懂得珍惜自己。假如女兒的初經來了，家人之間卻尚未建立起界線，父

母就有必要和女兒一起坐下來，共同決定彼此應該遵守的規則和界線基準。

由於女兒正處於成為大人的過程，因此務必要小心謹慎地訂立規則，彼此尊重與體諒。女兒與父母之間有身體接觸時的適當界線、在家中的穿著、尊重各自的空間、使用洗手間、沐浴後的穿著等生活習慣，都需要全面檢視。特別是父母在未經女兒的同意下就進行身體接觸，以取笑的方式談論身體的成長變化，用負面角度談論初經等，都可能對孩子造成傷害，在日積月累下，這些傷害可能會導致孩子失去愛自己的原動力。

與女兒非談不可的初經話題

說到孩子的初經，應該聊什麼好呢？在日常生活中，某些部分可能會發生變化，某些部分則需要小心。這裡所說的小心，指的不是孩子本身，而是父母對待孩子的時候；其中，最重要的是父母與孩子討論初經時，不要感到尷尬或羞恥，而要輕鬆自在地盡量多對話。

女性的存在、象徵女性的月經等，至今社會上仍具有對此感到羞恥、必須將其隱藏起來的傾向，因此當爸爸與女兒聊起月經時，可能會讓孩子難為情或不自在。所以，要先檢視平常和孩子的親密程度，又或者問過孩子之後，發現和爸爸對話有障礙，那麼由媽媽來談論會更好。尤其媽媽與女兒

的性別相同，可以透過對話帶給孩子許多間接經驗，因此我認為母女間的對話是越多越好。

「月經與初經是什麼？」、「為什麼女性會有月經？」「有月經指的是什麼？它是來自何處？多久會來一次？一次會維持幾天？」、「經期前後的變化有哪些？」、「初經來之前，應該準備哪些東西？」等，有很多關於初經的問題可以和孩子聊，但在展開對話之前，應該先參考給孩子用的性教育書籍，了解孩子能理解的用語，以及如何以正面的方式說明初經與月經。除此之外，身為過來人的媽媽分享經驗談與相關的插曲，也會讓孩子感到放鬆。事先準備衛生棉，讓孩子摸摸看也是個不錯的方法。

假如是獨自撫養女兒的爸爸

如果是單親爸爸，女兒和爸爸的關係很親近自在，那麼由爸爸來教導女兒關於初經的知識也毫無問題。不過，就算父女間的關係親近自在，但依然覺得要談論月經的話題很難，或者準備得不夠充分，那麼可以趁孩子的初經還沒來之前，就買與青春期、第二性徵相關的書送給女兒，或者委託專家進行教育。假如孩子的初經已經來了，在一張小卡上寫下祝賀的訊息，並寫下自己往後會尊重女兒的幾項決心，就能充分表達出爸爸的心意。

和孩子討論初經和月經時，絕對不能忘記一件事，那

就是好好揀選使用的詞彙，打造正向的氣氛，避免讓孩子感覺初經是件麻煩事，或者不要來最好。在孩子面前，必須小心避免說出「希望妳的初經晚點來」、「聽說月經來了之後就不會長高了，那要怎麼辦？」等負面說法（補充一點，幾乎沒有醫學根據證明，月經來了之後，身高就會立即停止成長）。

反正月經早晚都會來，就用平靜愉快的心情接受

女兒會親眼看到媽媽每個月因為月經而痛苦的模樣，有些孩子必須在這段時間默默承受媽媽的煩躁情緒，甚至身體跟著遭殃。我去上課時，實際上就碰過孩子以充滿恐懼的眼神問我：「老師，生理期來的時候會死人嗎？」聽到這種問題時，我一方面覺得可愛，另一方面又覺得遺憾，忍不住心想，孩子平常以間接或直接經驗得知的月經，竟然痛苦、可怕到讓人聯想到死亡嗎？

月經與女人的健康密不可分。包括壓力過大、體重急遽上升或下降、睡眠不足、感染性病、性行為、荷爾蒙不均衡等，許多因素都會影響到經期不順。反過來說，月經規律也代表我們的身體相對穩定、正常發揮功能。特別是孩子的初經來了，是代表孩子正常發育、擁有生殖能力，也正常分泌荷爾蒙，所以如果初經遲遲沒來，就有必要做一下身體檢查。

結論是，我們不該把月經當成麻煩的存在，而應該將其視為女性的身體順利邁向成人的訊號。教導關於月經的知識固然重要，但知識在學校就能學到，重要的是在家中時多與孩子對話，避免月經造成孩子過度恐懼或不安，並透過這些經驗，讓孩子對於成為女人感到驕傲、產生自信感。

迎接月經，事前需準備的物品

說到月經時，可以選擇的準備物品非常多元。通常大家都會使用一次性的衛生棉，但還有衛生棉條、月亮杯、布衛生棉、月經海綿、月經褲等種類。讓我們簡單地來看一下它們的優缺點吧。

一次性衛生棉的優點在於很容易取得，使用上很便利，處理時也很方便，而且可以肉眼確認經血的狀態和出血量。不過，衛生棉可能會散發味道，也可能會引起發炎或細菌感染，尤其是皮膚敏感的女性，除了生殖器之外，碰觸到衛生棉的部位或胯下皮膚可能會發癢或潰爛。

衛生棉條和一次性衛生棉一樣，都很容易取得，加上尺寸小，攜帶很方便，只要使用方法正確就會很方便，但要放入陰道並不容易，而且如果打噴嚏之類的，就可能會掉出來。過去曾報導過，在極為罕見的情況下，有人會因中毒性休克症候群而死亡。

月亮杯經濟實惠，能減輕經痛，而且使用時完全無感，

只要能確實將它放入，妳可能甚至會忘記自己是處於經期。因為月亮杯可以使用的時間很長，不需要另外攜帶做替換，所以很簡便、環保。不過，缺點是使用月亮杯之前，必須將手指放入測量陰道的長度，也必須摸到經血，因此在熟悉放入陰道的這段過程會遇上撞牆期。此外，雖然月亮杯的危險性低於衛生棉條，但依然有中毒性休克症候群的風險，加上如果碰到必須在公廁拿出月亮杯時，要先在洗手台清洗乾淨後再次放入，可能會覺得很麻煩。

布衛生棉的化學成分比一次性衛生棉少，因此比較不容易引起發炎，同時也很經濟實惠與環保。不過缺點是，使用後必須先泡在水中，因此必須先消除對經血的排斥感；外出時，也必須把沾有經血的布衛生棉放入包包，因此實用性較低。

除此之外還有好幾個選項，但在韓國主要是使用以上四種方法。與女兒一起探索並學習每一種的特性與使用方法，也是不錯的方法。每種物品都有優缺點，因此最好先詢問孩子的想法，再一起尋找適合的選項。

07 進行性教育之前，該怎麼準備？

　　近年來，父母都非常清楚性教育的重要性，但真的要替孩子上性教育時，卻不知道該提哪些話題，該使用哪些用語，還有該講到什麼程度，因此感到茫然不已。

從檢視價值觀開始

　　當孩子還小時，父母多半對於子女的性教育沒有太大壓力，但等到孩子的身心出現變化，或者孩子會開口提問時，就會強烈感受到性教育的重要性，同時開始感到茫然。碰到這種情況，有些父母會心急地跑來上課，或者購買相關書籍，直接嘗試和孩子討論性的話題。但是，在與孩子展開對話之前，父母必定要先檢視自己的性價值觀。

　　觀察目前撫養孩子的父母平均年齡層，會發現大多數人屬於不曾仔細思考「性問題」，並確立相關標準或價值觀，所以大家會以自身經驗或隨著時間自然了解的事情作為基

礎，替孩子解答對性的好奇。如此一來，假如父母對性存有負面觀感，就會把這種負面影響傳達給孩子，反之亦然。因此，首要之務是掌握父母本身是如何看待性，以及目前自己對孩子造成什麼樣的影響。

用下列問題來檢視性價值觀

- 我的父母用什麼方式和我討論性？
- 當我小時候提出與性相關的問題，或做出與性相關的舉動時，父母做出什麼反應？
- 我的戀愛經驗如何？
- 整體來說，我的性教育經驗如何？
- 我的性經驗如何？
- 不只與性相關的對話，我與目前配偶的整體對話、信賴度和親密度感到滿意嗎？
- 除此之外，說起「性」時，我的想法或感覺如何？

學習正確的性知識

「在我的人生中，性為何物？」把這個想法整理好之後，接下來就需要學習教導孩子的性知識。性知識有別於價值觀，是一種事實，所以只要看書或上課就能學習。不必特地買內容艱澀的書，單憑仔細閱讀孩子們看的性教育書籍也能帶來效果；如此一來，可得知最近孩子們學習的內容與程

度，當孩子看書或上完性教育之後提出問題時，也能從容不迫地回答。

當孩子提出與性相關的問題，卻因為知識層面不了解，所以無法教導孩子，這並不是能力的問題，而是因為我們這一代的父母沒有學習性知識的機會，所以不知道也是理所當然，也讓人有些遺憾。不過，不必把不懂當成能力不足，只要從現在開始學習就行了。

練習與孩子對話的方法

檢視價值觀，也在某種程度上補充知識，接下來就只要和孩子對話，告訴孩子需要知道的內容就行了，可是許多父母最常在這裡卻步。這是因為和孩子談性的話題時，不只是孩子，父母也會感到非常尷尬和棘手。為了能順利與孩子談論性的話題，當孩子從小（四到六歲）提出與性相關的問題時，就要積極地回答他們。重要的是，不要驚慌失措，而要帶著高興的心情與笑容面對，和孩子一同尋找答案或替孩子解釋。

事實上，不只是性，最好各種主題都盡可能多聊。當孩子進入學齡期後，有許多家庭的對話都是以讀書收尾。就算孩子想聊其他話題，可是對話卻總是以「要用功讀書」作結，對話的次數自然就會逐漸減少。只要回想一下兒時討厭讀書的自己，就能大致理解孩子的心情了。唯有孩子在成長

過程中，長期累積各種對話的經驗，在聊起性的話題時，才能夠讓孩子以坦率自然的心情接受，而不會感到不自在。

要和孩子聊性的話題時，如果要求孩子坐下來，採取像在學校上課一樣的方式，彼此都會很尷尬，因此，從日常生活中自然落實家庭性教育為佳。日常生活中碰到的一切，都可以作為和孩子聊性話題的切入點。舉例來說，與就讀小學的孩子走在路上，看到國中生小情侶手牽著手的模樣時，只要這樣開頭就行了：「看到穿著校服、手牽手走在路上的情侶，你覺得怎麼樣？你有沒有喜歡的人？有沒有同學有男女朋友？」

萬一孩子不想對話，那當天先提問就好，等到下次碰到類似的情況時，可以再提出問題。不要一下子太過貪心，慢慢嘗試就好。這時要留意的是，當孩子敞開心胸傾吐自己的想法時，絕對要避免說出已經有既定答案的言論，像是「不過爸爸、媽媽還是反對你這個年紀談戀愛。這樣太早了。現在先專心念書，等你二十歲的時候再交男女朋友」等。

態度最為重要

假如有人問我，和孩子談論性的時候，父母必須具備什麼，那毋庸置疑是「態度」，也就是認真地傾聽，不加以數落或指責，不把自己的想法和標準強加在孩子身上，讓孩子自由自在地發表對該主題的想法。如果不採取這種做法，孩

子就會慢慢地不再與父母對話，甚至當孩子碰到真正需要協助的危險時刻，向父母坦承會比死還痛苦。

　　和孩子聊性，代表親子之間建立起信賴與親密的關係，也意味著如果發生任何狀況，孩子可以最先向父母求助，希望父母絕對不要斬斷了這個連結。和孩子溝通與性有關的問題時，最好在平時、使用準確的用語、看著孩子的眼睛，並帶著真摯坦率卻不嚴肅的態度。希望父母不要把親子間的性相關對話想成是性教育，而是把它想成在聊性的故事、人生的故事。

⑧ 「性認知感受性」是什麼？

　　「性認知感受性」是個以前就有的說法，但近期卻格外引起話題的性概念，它指的是一個人知道日常生活中性別歧視的要素有哪些，還有為了達到性別平等，意識到哪些方面必須做出改變的敏感程度。你可能會覺得這個詞聽起來有點生疏，不過是最近談到子女教育時，經常被提及的概念。

何以重要？

　　二〇一八年「#Me Too 運動」興起，「性認知感受性」的概念因此受到注目。「#Me Too 運動」指的是遭受性暴力的受害者，站出來將自身受害的事實告訴大眾，點出性暴力嚴重性的運動。有了「#Me Too 運動」的前車之鑑，人們必須培養性認知感受性，我們才能建立一個知道什麼會形成暴力、問題是什麼的社會，並再次確認此種變化確實能預防性暴力。

「誰受到比較多的性別歧視？」說起這個話題時固然要小心，但我們可以說，至今在社會結構上，男性依然是掌權的一方，女性則是社會上的弱者。不過，假如往後仍維持這種結構，我們的女兒就會持續遭受性別歧視與不平等待遇。想到我們的孩子也必須如趙南柱作家的長篇小說《八十二年生的金智英》中的女性般過活，心中不免感到抑鬱難受。

　　現在女兒們需要的是能察覺問題出在哪裡，並主動引領變化的行動力，而不是在歧視發生時被動地承受。引導這件事發生的基礎是性認知感受性，當它成為基本時，才能減少歧視，帶來性別平等的社會。只有達到此種平衡時，兒子與女兒都能安全生活，才得以實現幸福的世界。

問題是什麼？

　　過去我們生活在充滿性別歧視的社會中，卻把這一切視為理所當然。不過，多虧韓國社會的性認知感受性全面提升，至少目前大家對於哪些現象會造成問題達成了某種共識。

　　不久前，我到一間小學授課時，曾詢問孩子們是不是聽過關於性別歧視的故事，結果有個女孩說自己的房間有點凌亂，媽媽都會說：「妳一個女孩子，房間怎麼這麼亂？」女孩不懂為什麼打掃房間這件事要特別強調女生。我們在日常生活中，經常會不自覺地對孩子們說出這種帶有性別刻板

印象的話。可是爸爸們呢？聽到兒子看情色影片或刊物時，只會說「男孩子在成長過程中難免都會看，我以前也是這樣」，再不然就是採用刺激性的說法，像是「男人就要強悍，聲音要大聲一點！」

看到寶貝兒子和女兒同樣張開腿斜靠在沙發上時，父母會對誰嘮叨？假如你會對兒子說：「你坐好，這樣會姿勢不良」，同時卻對女兒說「女生不可以這樣張開腿坐著。把雙腿靠攏，用正確的姿勢坐好」，就有必要思考一下這兩種說法背後的脈絡差異。

擺脫性別刻板印象

如今，女性化或男性化的概念已不復存在，而我們在人生中必須做的大部分事情，也都是由男女共同完成。這是個育兒、家事、照料家人、經濟活動等必須共同分擔的世界，沒有誰的特質更適合哪種用途。能力或體力差異不過是因人而異，而不是男女性別的差異。並不是因為男人不懂得育兒，所以女人才要全權負責育兒，也不是因為女人缺乏進行社會活動的能力，所以才只能當全職媽媽，在家中做家事。

社會將我們囚禁於框架內，導致男女都必須承受莫大的包袱，而彼此都主張自己的包袱更重，活在無止盡的爭辯中。如今我們孩子生活的世界，必須消除這種不合理的性別刻板印象。世界已經開始變化，而孩子這一代也開始有不同

的想法。因此，父母也應該配合孩子的速度，致力於改變世界。

　　別讓我們的孩子們學習什麼是性別平等，卻讓他們覺得在家中遭到了性別歧視。在家學習性別平等，反而對孩子更好；平等的家庭氣氛、平等的爸爸與媽媽，打造讓孩子能在家中親身體會何謂平等，懂得對歧視產生質疑並共同改變的安全空間，是父母應該扮演的角色。為此，父母必須努力學習提升自己的性認知感受性。

⑨ 守護孩子的界線

　　韓國的性教育一般是從五歲左右開始。我們讓在幼托機構的孩子們乖乖坐好，接著最常教導他們的內容是「生命的誕生」與「尊重界線」教育。「界線」教育又稱為「警戒線」教育，在性教育中是非常基本的主題。

必定要遵守的「界線」

　　界線指的是我們每個人都有的私人領域。私人領域的大小會根據人、情況、發育過程而有所不同。它雖然看不見，卻是每個人都必須擁有的，因此，我們的孩子們當然也有界線。

　　在我們還很年幼的時候，因為缺乏界線的概念或感覺，所以當有人碰觸、親吻自己時，或者反過來由自己碰觸、親吻別人時，都不會有什麼排斥感。可是，即便只是過了幾個月，當有人亂碰自己或突然靠近時，孩子卻可能會嚇到或不

自覺地往後退。孩子只是不懂得用言語表達出來罷了，其實他們也會出自本能地想要守護自己的領域。

誰最常侵犯孩子們的界線？就是家人。也許是因為彼此相處的時間較長，但父母經常會認為「我是媽媽，我是爸爸，所以這樣做沒關係，這是一種愛的表現」，而擅自侵犯孩子的界線。尤其是爸爸們會開玩笑地對女兒示愛：「除了爸爸之外，其他男人都不行。如果是爸爸，那就沒關係。」可是，孩子們是從家裡開始打造堅固的界線，假如家人擅自侵犯界線，孩子就無法堅守自己的界線，而這脆弱的界線，就可能成為任何人都能自由進出的門。

從家中落實尊重界線教育

如果你不希望孩子被別人亂碰卻默默承受，或不希望孩子擅自侵犯別人的界線，隨便亂碰別人，那麼從孩子小時候就要在家中落實「尊重界線」的教育。當我去替小團體上性教育課程時，有些孩子會跑到我旁邊問：「這是什麼？」但有些孩子則是不由分說地靠近，伸手觸碰講師的物品。如果是低年級的學生，還會有小朋友要求我抱他。

當界線確立之後，要碰別人的物品或靠近別人時，就會先開口詢問，取得對方的同意。不過，界線模糊的孩子們完全不排斥被講師抱著，也會有碰觸講師的身體或物品，來表現親密感的傾向。思考一下，如果這是發生在學校和朋友們

相處，或者男女朋友之間，你就會知道該以何種角度來教育孩子。

發問與回答，尊重為必須

孩子並非年幼無知，什麼都不懂，因此有任何身體接觸時，一定要詢問孩子的意願。還有，無論孩子如何回答，都要抱持尊重、肯定與接納的態度。相反的，如果孩子未經同意就亂碰爸爸、媽媽的身體，或者擅自挪用父母的物品，就有必要提醒孩子有關界線的重要性。

除此之外，在日常生活中能夠協助制定界線的行為，還包括在家中把衣服穿好、洗完澡後要先穿上衣服、進入彼此的房間時先敲門，以及分開睡覺等。制定界線，給予尊重，使其不易動搖，是全家人平時需要持續共同努力的目標。要銘記在心，當孩子出社會後，面對與朋友、男女朋友等人際關係時，全家人制定的界線，將能成為守護孩子與他人的堡壘。

⑩ 保護我們的孩子，
遠離數位性犯罪

　　儘管一般性犯罪的案件也變多了，但以勢不可擋的趨勢增加的即是數位性犯罪。受到新型冠狀病毒肆虐的影響，孩子們在家使用電腦或手機的時間變多。因為網路的使用直接關係到課業，也無法禁止孩子使用，讓父母頭疼不已。目前學校或各機關委託預防數位性犯罪的教育增多，以父母為對象進行相關教育的比例也逐漸升高。

數位性犯罪的種類

　　數位性犯罪，指的是以數位裝置進行與性相關的加害行為。說到數位性犯罪，你會想到哪些？想必最先想到的會是「偷拍」或「散布拍攝影片」。除此之外，數位性犯罪的定義範圍相當廣泛，用語也有很大的不同。

　　數位性犯罪中，最具代表性的即是拍攝影片；我們經常

會稱之為「偷拍」，但最好避免使用這個名稱，精準的名稱是「非法拍攝」。未經同意拍攝均是非法的，是不折不扣的犯罪。此外，「散布」此拍攝影片也是一種數位性犯罪的行為，而「參與」拍攝或散布、「觀看」非法拍攝影片，自然也都屬於犯罪行為。根據近期韓國修正的法律，無論是在網路上對兒童或青少年提出與性相關的問題，或是事前模擬數位性暴力之行為，都看成是犯罪。

數位性犯罪之所以危險

數位性犯罪之所以危險，是因為相較於一般性犯罪，數位性犯罪不受時空的限制，無論何時何地都可能發生。而且，因為不是肉眼就能直接看到，受害者不知自身受害的情況也很多，因此很難在初期做出應對。

尤其是孩子們受害時，會伴隨發生網路性誘拐（online grooming，加害者在網路上支配受害者的心理，之後施加性暴力）或情緒操控（gaslighting，巧妙地操縱他人的心理或情況，以強化對他人的支配力），孩子們難以察覺受害事實，導致求助的時間點延宕，而且也會發生受害的孩子包庇加害者，導致難以介入的情況。

就網路的特性，一旦上傳了個資、照片或影片，就無法徹底刪除，導致網路可能成為極為危險的空間。最重要的是，數位性犯罪之所以危險，是因為上線與離線的界線模

糊，在網路上發生的事情，會對現實生活造成影響。

我們的孩子有危險

在數位性犯罪中，我們的孩子極可能成為受害者。包括大部分的性犯罪行為在內，加害者的目標都是比自己脆弱無力又容易哄騙的對象。就這層面來看，對加害者來說，沒有比孩子們更好的獵物了。光是看 Telegram「N 號房」事件，就可得知多數受害者均是兒童與青少年。

根據英國密德薩斯大學的研究[1]，加害者在網路上與兒童聊天時，只要三分鐘就能開啟性話題，只要八分鐘就能取得信任，獲得個資。加害者會刺激孩子們的弱點與好奇心，並且比任何人都要認同孩子說的話，因此能輕而易舉地打開他們的心房。

孩子們何以輕易敞開心房？

站在父母的立場上，可能會對孩子們輕易就對加害者敞開心房感到不解與著急。了解加害者對孩子們使用的主題或途徑，就可得知其中有許多遊戲相關主題，而且他們會利用孩子對性的好奇心、成為孩子日常聊天的對象、提供未來或學校情報等必要資訊，來打開孩子的心房。

1　http://h21.hani.co.kr/arti/society/society_general/48791.html

加害者提供孩子想要的一切，安撫孩子的心，成為他們依賴的對象，取得其全然的信賴。那麼，孩子們何以會信賴網路上的人並聽從他們的話？原因就在於加害者提供了現實生活中難以獲得的認同、稱讚、關心與共鳴。隨著孩子進入學校，父母的認同、關心與稱讚也逐漸減少，但加害者卻完全滿足了孩子的需求，使得他們澈底沉浸其中。換句話說，孩子們非常需要認同、稱讚、關心與共鳴，但現實中的關係無法滿足這塊，所以他們才會對網路世界中能滿足需求的對象，敞開心房並產生依賴。

受害卻無法報警的原因

　　即便成為數位性暴力的受害者、遭受威脅，仍有許多孩子在初期無法向家人或老師求助。問他們原因，孩子們總會回答：「我怕被罵。」還有不少人聽信對方的說法，以為只要照做，自己就不會再受欺負，所以試圖獨自解決問題。

　　利用天真孩子的加害者是不折不扣的惡人，這是不會改變的真理，但我們應該將焦點放在「擔心被罵」而不敢說出來的孩子。天下父母心，看到孩子們有這種擔憂，讓人感到無比痛心與愧疚。當孩子陷入險境，父母必定是排除萬難、竭盡全力保護孩子，可是孩子卻無法感受到父母的這種心情。即便身處險境，孩子仍想著：「爸爸、媽媽都叫我不要在網路上結交朋友，但我沒聽他們的話，要是他們知道，

一定會臭罵我一頓。」這也意味著孩子並未對父母形成「無論發生任何事，爸爸、媽媽都會與自己站同一陣線，提供幫助」的信賴感。

預防數位性犯罪的五大行為守則

聽到「預防數位性犯罪，應該怎麼做呢？」這個問題時，許多父母會回答「不讓他們使用智慧型手機嗎？」「得三不五時確認他們用手機和電腦在做什麼」之類的答案。當然了，監控孩子在網路世界自行創造了什麼角色，主要在做什麼，和誰對話，這都是身為監護人應盡的責任，但唯有從更深入本質的層面下手，才能加以「預防」。因為觀察孩子在做什麼，並不是一種預防，而比較接近管理。

為了預防發生數位性犯罪，需要銘記以下五點。

1. 提供孩子迫切需要的認同、稱讚、關心與共鳴

如果能從自己最愛的父母和家人獲得肯定，孩子就不會向網路世界的某個陌生哥哥、姊姊或叔叔尋求這些。

2. 多與孩子對話

和孩子聊一聊平常對什麼感興趣，有什麼想法，上網時主要覺得哪些內容有趣，還有多聊聊日常瑣事也很重要。孩子在網路上聊的話題也沒什麼特別的，他們與加害者之間的

對話，也主要是聊在學校發生的事、挨父母的罵、課業壓力與對性的好奇。當孩子越無法順利與家人對話，就越容易試圖從網路上尋找理想的談話對象。

3. 讓孩子在現實生活中感受到關係的重要

尤其是像現在疫情嚴重，孩子沒辦法正常上學，也很難和朋友們見面的情況，家人的角色格外重要。平常就要多表現情感，讓孩子感受到，比起網路上某個不知善惡的不明人物，能夠親眼看到、相處的家人更重要，也更值得信賴。

4. 定期幫孩子上性教育

如果在孩子們面前提起數位性暴力，他們通常會出現「被威脅就要立刻報警啊！」、「怎麼會被騙？那一看就是壞人啊！」等反應，可是諷刺的是，直到事態一發不可收拾之前，遭受數位性暴力的孩子們多半連自己受害的事實都沒察覺。因此，替孩子進行事前教育時，需要舉出許多案例給孩子聽，並教導他們如何在網路上結交朋友、如何察覺數位性暴力、練習如何應對，以及求助的方法。

5. 父母要多關心社會的脈動，致力於改變社會

不要覺得把孩子關在象牙塔內保護好就行了，而應該要多加關注相關法律及社會問題。想想看，針對孩子下手的

數位性暴力本身不就是一種問題嗎？為什麼孩子們只能無力地受害，而父母又只能想著「希望我家的孩子別發生這種事」，為此操透了心？明明有人對孩子做出惡劣至極的行為，為何相關懲處卻如此不痛不癢？

唯有對這些問題不斷提出質疑，合力改變社會，才能打造一個讓孩子安全生活的社會。假如學校性教育並未落實澈底，就應該積極提出要求，讓孩子在公共教育的範圍內，也能接受完整的數位性犯罪預防教育。

萬一發生了狀況

當狀況發生時，個人可能無力解決。隨著數位性犯罪的現象日趨嚴重，各機關會提供受害者支援，因此最好是向專門機構求助。

| 關於性暴力受害，可求助的機關與團體 |（以下為台灣資料）

機構與團體名稱	電話號碼
家庭暴力暨性侵害 防治中心（家防中心）	各縣市均有設置
113 保護專線	0800-095-113
人本教育文教基金會	(02)2367-0151
婦女救援基金會	(02)2555-8595
現代婦女基金會	(02)7728-5098 分機 7
性暴力防治服務- 勵馨基金會	(02)8911-8595
社會安全網— 關懷 e 起來	0800-095-113

社團法人臺灣兒少權益暨身心健康促進協會—全芯創傷復原中心	(02) 6605-7335 分機 9
芙樂奇心理諮商所 心芙創傷復原中心	(04)8346-028 或 0963-609-399
桃園市助人專業促進協會—助人性侵害創傷復原中心	(03)335-9532 分機 501
社團法人花蓮縣兒童暨家庭關懷協會	(03)8563-020
旅行心理治療所	0972－691-801
中崙諮商中心 心理諮商所	(02) 2731-9731

◎相關資訊來源：衛生福利部保戶服務司

第二章

◆
◆
❀

性教育，
越早學越好

⑪ 孩子自慰的狀況很嚴重

　　到幼托機構替父母上性教育的課程時，偶爾會有人吐露煩惱，說孩子自慰的情況越來越嚴重，不知道該怎麼辦才好。碰到這種情況時，關鍵點就在於對幼兒自慰行為的理解與掌握情況。

孩子也是一種性的存在

　　對性教育感興趣的父母，想必都聽過「幼兒自慰」這個說法。從來沒有聽過的父母，可能會心想：「什麼？！幼兒也會自慰？我的天啊⋯⋯」不過只要上網查一下，就會知道幼兒自慰的相關諮商或課程內容比比皆是。

　　假如發現孩子會自慰，就需要先釐清有關孩子及孩子自慰的概念，再行介入。

　　關於自慰，最基本的前提為「人是一種性的存在，孩子也一樣」。孩子也懂得「性」會帶來好心情或壞心情，而

且在媽媽肚子裡的時候也會自慰，這都是經過多次證實的事實。儘管如此，這並不代表孩子會感覺到如大人想像的那種強烈性快感。只要想成是孩子在摸索自己的身體時，偶然發現這種行為會產生愉快的感覺就行了。

通常看到孩子的自慰行為就教訓或指責孩子，是因為對自慰存有負面觀感所致，尤其是面對兒子與女兒的行為時，反應會出現差異。有些父母看到兒子把玩自己的小雞雞時，可能會覺得很可愛並一笑置之，但如果女兒趴著出力或觸碰生殖器，就會大受衝擊或認為這不正常。父母必須明白，這種想法與態度具有強烈的性別歧視，而且之所以對孩子的自慰行為產生負面觀感，是源自看到孩子的自慰行為後，聯想到大人自慰的錯誤概念。孩子的自慰與大人的自慰不同，偶爾的自慰行為，並不危及孩子的健康或性意識。

必須掌握自慰的情況和原因

根據孩子自慰的頻率與情況，以及當孩子發現父母知情後展現的態度，需要介入的方向有所不同，因此如果目睹孩子在自慰，不要立刻就介入，而是從此刻開始留心觀察。

前面說過，假如發現孩子偶爾會在睡前撫摸生殖器、睡覺時將手放入內褲，又或者偶爾會做出趴著使力的動作，多半睜一隻眼、閉一隻眼，慢慢的孩子做出該行為的頻率就會減少。但假如判斷孩子自慰的情況越來越頻繁，就要觀察孩

子主要是在何時會自慰，以及孩子自慰當下的心情或情境，找出原因。

幼兒自慰的情況可分為四大類：

第一類，情緒交流需求高的孩子們，當需求無法獲得滿足時，就可能出現自慰行為。

第二類，活力充沛的孩子們，如果無處釋放能量，就可能出現自慰行為。

第三類，有些孩子會藉由自慰來消除壓力或無聊感。

第四類，暴露在性暴力的情況下，孩子也可能會自慰。

必須配合原因介入

父母需要思考一下，自己是否在看到孩子自慰時，因為內心感到不舒服而指責或教訓孩子；此外，後續也要掌握孩子自慰的原因，適當地介入。以下是四種幼兒自慰情況的介入方法。

第一，情緒交流需求高的孩子們，除了自己之外，也希望爸爸、媽媽經常做出關愛的表現。若是這樣的孩子出現自慰行為，不要在他面前提起自慰的事，而是平時除了語言表現之外，也要充分給予非語言的表現，也就是透過肢體接觸給予激勵等。站在父母的立場上，可能會覺得「這樣應該就夠了」，但這時不妨想一下專門做吃播的 Youtuber 吧。平常一次要吃上十包泡麵的 Youtuber，若是只吃了一包，就

會說：「這根本不夠塞牙縫」，而情緒交流也是這樣。要記住，表現的程度必須超出父母的標準，才能滿足孩子的需求。

第二，活力充沛的孩子們有個特徵，就是即便活動了一整天，回到家之後卻依然生龍活虎，想繼續玩耍。假如這樣的孩子受到壓抑，在無法充分釋放能量的情況下，就可能出現自慰行為。特別是當女兒的精力過人時，可能會讓父母認為孩子不符合普遍認定的女生特質，進而指責孩子日常的舉動。這時孩子會承受更大的壓力，導致自慰行為的發生。碰到這種情況，最好花充分的時間陪孩子玩耍，讓孩子進行能消耗能量的活動。舉例來說，相較於看書和下棋，讓孩子跑跑步和游泳更好。還有，一週大約一次，讓孩子從事全天候的活動，把全身上下的能量都耗光，甚至可以直接倒頭大睡的程度，也有助於改善情況。

第三，有些孩子壓力大或感到無聊時會自慰。我到某間小學時，一位撫養小學一年級雙胞胎的媽媽就問了以下的問題。這位媽媽下班回家之後，在準備晚餐前撥出一點時間念童話故事給兩個孩子聽，但每次孩子們都會觸摸生殖器並對身體施力。光是做家事都來不及了，好不容易擠出時間唸書給孩子聽，他們卻分心在做別的事，而且還是自慰，這位媽媽訴苦說，每一次她都大為光火。

這種情況該如何介入才好呢？同樣是花時間，比起念

童話故事給孩子聽，讓孩子玩一些能活動身體的簡單遊戲，更能減輕他們的壓力。在活動身體的同時，孩子沒有時間感到無聊，很自然地就會減少自慰行為了。還有，孩子會有壓力，不單純只是因為無聊，假如父母過度嚴厲、經常指責孩子，造成孩子的緊張感，都會引發壓力。這時，過度焦慮的孩子，可能會為了穩定心情而觸摸生殖器或自慰，因此這部分也要確認才行。

第四，假如孩子突然出現頻繁自慰或情緒格外煩躁，又或者很容易受到驚嚇、變得很敏感，就需要好好觀察孩子的內褲和生殖器。務必記住，這也可能發生在孩子遭受性暴力的情況下。若是懷疑孩子遭到了性暴力，可向醫生或諮商師等專家徵詢意見。

若缺乏適時介入，行為就會受到強化

雖然孩子是無心地做出自慰行為，其中卻藏著各式各樣的原因，因此需要針對原因適當介入。如果父母只在乎自己不舒服的感受，因而教訓或脅迫孩子，孩子就會認為觸摸自己的身體必須看別人臉色，最後失去對身體的主體性，導致他可能躲起來自慰，更執著於自慰行為。

如果碰巧看到孩子在觸摸生殖器或有使力的行為，最好是乾脆當作沒看到。假如父母沒有責罵孩子，也沒有做任何介入，又或者挨爸爸、媽媽的罵之後，孩子的自慰行為越來越頻繁，甚至是持續六個月以上，那麼最好向專家求助。

⑫ 孩子目睹了父母的性行為

「我與另一半在享受魚水之歡時，孩子突然跑進房間，讓我們嚇了一大跳。我們有事先確認孩子已經睡著了，所以沒有鎖門，才會發生這種尷尬情況。孩子是沒說什麼，但我不知道究竟是該主動開口，還是就這麼算了，我擔心那個畫面會不會讓孩子留下強烈的衝擊。」

替父母上完課，問答時間也結束後，我正打算離開教室時，有位媽媽一臉難為情地跟著出來，問了我這個問題。家中有孩子又固定有性行為的夫妻很可能會碰到這種情況。站在父母的立場上，可能會覺得非常驚慌失措，可是又不能輕率地嘗試與孩子對話，所以總會為這種情況傷透腦筋。那麼，應該怎麼開口才好呢？

掌握是否需要對話

首先，對話前要先掌握是否有需要和孩子對話。根據孩子的年齡，做法可能稍有不同，不過有時候雖然孩子看見了，但睡著之後就忘了。若是這種情況，就沒有必要開門見山地道出一切。還有，即便幼兒期的孩子目睹該場面，也可能不知道發生了什麼情況，因此與其鉅細靡遺地跟孩子解釋

所有狀況，應該先掌握孩子看到了什麼，以及此時的心情如何。

根據情況，介入的方法不同

情境1－孩子說要跟爸媽一起睡

享受魚水之歡時，孩子開了門進來。孩子一臉睡眼惺忪，稍微停了一下，接著說要跟爸爸、媽媽一起睡覺。

碰到這種情況，先哄孩子入睡後，隔天再問她：「昨天睡到一半，為什麼跑到爸爸、媽媽的房間？你記得自己站在門邊，沒有直接走進來嗎？」就行了。假如孩子沒有任何印象，這時只要針對孩子跑進爸媽房間時的情緒，好比說是因為做了惡夢或哪裡不舒服等給予安撫即可。

假如孩子年紀還小，可以告訴她，如果睡到一半覺得害怕或不舒服，可以隨時叫爸爸、媽媽，讓孩子感到安心，這樣也能很自然地訓練孩子和爸媽分房睡。假如孩子是七歲以上的兒童，除了針對孩子害怕或不舒服的感受給予安撫之外，最好也補充跟孩子說，爸爸、媽媽的房間是屬於爸爸、媽媽的空間，尤其晚上可能會用自己比較舒適的姿勢睡覺，所以進來之前要先敲門。

情境2－孩子嚎啕大哭

享受魚水之歡時，孩子開門進來。他稍微停了一下，接

著用嚇壞了的表情嚎啕大哭。

實際上，我經常聽到父母說，孩子目睹夫妻倆在發生性行為的場面時，誤以為爸爸在毆打、欺負媽媽，所以嚇得放聲大哭，導致他們當下很尷尬狼狽。碰到這種情況，重要的是觀察孩子的情緒後，詢問他看到什麼場面，還有看到之後產生什麼想法。先安撫孩子的情緒，讓他感到安心，接著就需要針對情況和孩子說明。

你可以這樣跟孩子說：「爸爸、媽媽因為很愛彼此，所以睡覺時可能會脫掉衣服。這是爸爸和媽媽兩人愛的表現，原來……你看到的時候，會覺得爸爸是在欺負媽媽呀？這是爸爸和媽媽獨處時才會有的互動，我們應該要小心，卻沒有把門鎖好，嚇到了你，真是對不起！」

萬一孩子並沒有大哭或受到驚嚇，而是很冷靜地問爸媽在做什麼，這時的作法也類似。雖然少了安撫孩子情緒的過程，但父母仍需要老實地向孩子說明，針對門沒鎖好一事道歉，並對孩子解釋臥室的概念，請孩子進來前要先敲門。

鎖門和敲門為必須

替孩子上課時，有些孩子會說，小時候曾經目睹父母發生性行為，但他們什麼也沒說，並補充說當下自己受到了很大的衝擊。

孩子從小就看到夫妻之間有自然的身體接觸非常好。假

如父母在孩子面前有適當的身體接觸，孩子就能很自然地看到以「愛與信賴」為基礎的身體接觸是什麼樣子，也能帶來學習效果。不過，我們需要慎重的是，開放程度必須以不侵犯家人間的界線為前提，尊重並守護彼此的私生活，比什麼都重要。

夫妻之間的性行為是極為私密的兩人互動，需要雙方皆同意，所以必須是兩人間的祕密，在安全與自在的情況下發生性行為。為了營造這樣的情境，假如家中有孩子，享受魚水之歡前必定要先將臥室的門鎖上。還有，當孩子到六、七歲左右時，也要讓全家人都明確知道每個房間的主人是誰，訂立進入對方房間前要先敲門等規則，由全家人共同遵守。

⑬ 可以和孩子一起洗澡到幾歲呢？

「我是撫養六歲女兒和九歲兒子的媽媽。現在我還會讓兩個孩子一起洗澡，可是女兒卻拿哥哥的私密部位來開玩笑。讓孩子分開洗澡是否也有分時機呢？」

　　兄妹或姊弟能不能一起洗澡、性別不同的父母和孩子能不能一起洗澡、如果需要分開洗的話，應該從何時開始等，這些都是父母經常會提出的問題。一起洗澡、一起睡覺、在家中不穿衣服走來走去，這些主題都與前面所說的「界線」相關。

觀察我和孩子的心理

　　當孩子到三、四歲左右，就會開始形成性別認同。先前雖然不太明顯，但從這時期開始，孩子就會好奇男生和女生的差異，想知道自己是女生或男生，自己的性別是跟爸爸還是媽媽相同。從這時開始，孩子就會問許多與性相關的問題，因此站在父母的立場上，可能會感到措手不及。這倒不一定是因為孩子提出讓父母手足無措的問題，也有可能是因為孩子在洗澡、睡覺、祖父母來訪時出現的言行舉止。

　　假如孩子對性感到好奇，或者做出與性相關的言行舉

止，大部分的父母都會驚慌失措，時而產生些微擔憂，也可能產生不快的情緒。舉例來說，看到女兒在自慰時，原本顯得很可愛、惹人憐惜的孩子，這時卻讓人感到不舒服，又或者父母會為自己產生這種想法自責不已。

假如父母對於一起洗澡的兄妹、姊弟，或者性別不同的父母與子女之間有這種感覺，不管孩子是幾歲，最好是分開洗澡。還有，就算父母沒有太大的感覺，可是孩子卻三不五時就出現與性相關的言行舉止、拿兄弟姊妹的身體來開玩笑、試圖想觸摸對方或提出問題，也最好讓他們分開洗澡。

問題不在於可不可以，而是禮貌

關於洗澡、分開睡或穿著，並沒有確切的標準或證據指出「非得從幾歲開始不可，如果錯過這個時機點，就會對孩子的發育造成問題」。不過，常常會發生孩子長大之後，在家人面前依然不懂得拿捏分寸的狀況，父母就算想糾正孩子的行為，一時之間也改不過來，所以最好事先做好準備，讓孩子慢慢養成習慣。

從性的觀點來看待洗澡、睡覺和穿著就更棘手了。與其斥責孩子「你這樣做很不好！」不如讓孩子建立起「就算你覺得心裡不舒服，如果想跟對方一起做行動，為了尊重、禮讓別人，你要放棄一些事情」的概念更恰當。特別是在孩子還小的時候，更是如此。

這些都是為了讓孩子制定出自己的界線，成為懂得尊重和禮讓他人的人。即便是家人之間，也有應該遵守的禮儀。希望各位父母把這想成是在教育孩子，讓孩子知道，不是只有自己的心情重要，也要懂得觀察別人的意見。

由父母帶頭，全家人一起

　　關於界線的教育，父母要先以身作則，由全家人一起遵守。父母不應該讓兄妹或姊弟分開洗澡，同時又在浴室有人的狀況下，不敲門就隨便進去，又或者沖澡後沒穿衣服就出來，讓孩子們感到混淆。相較於是否成功讓孩子分開洗澡，與孩子們共同制定家庭規則，並由父母率先遵守與實踐規則更重要。這是制定界線的過程，而此過程本身即是一種教育。此外，碰到天氣炎熱的日子，如果想善用洗澡前的時間讓孩子玩水，可以藉由穿上泳裝來區分遊戲和洗澡。

⓮ 可以和孩子一起睡到幾歲呢？

「我現在還會和十歲的女兒一起睡。我睡在女兒的房間，老公則是一個人睡在主臥室。偶爾我們也會三個人一起睡在主臥室，但從什麼時候開始和孩子分開睡比較好呢？」

　　當我在替父母上課時，一定會出現相關的問題，而這也是我必定會提及的內容之一。因為韓國父母與孩子分開睡的時間點特別晚，甚至感覺不到它的必要性，因此直到孩子進入青春期之後，依然會和孩子一起睡。

保持適當距離，才是健康的關係

　　我在美國的姪子目前十八個月，雖然和父母睡在同一個房間，卻是各自睡在自己的床上。聽說國外大約會在哺乳期結束時讓孩子和父母分開睡，也就是差不多在孩子懂得表達「要」和「不要」的時候開始。不過在韓國，即使孩子已經四、五歲了，大部分父母仍覺得分開睡是一件不得了的大事。無論是孩子或父母，都認為一起睡很理所當然。可是，家人之間也需要距離，尤其是睡覺、上洗手間等私人時間更是如此。家人之間的距離與孩子的界線教育密切相關。

與其說是在強調必須盡早和孩子分開睡，不如說是在孩子開始懂事時，避免出現家人間互相感到不快或措手不及的狀況。舉例來說，訓練孩子分開睡可以避免當夫妻之間做出親密舉動時，孩子卻突然跑進臥室，搞得夫妻倆很尷尬；又或者有人待在洗手間時，門卻突然被打開，瞬間感到不快等情況。

孩子需要適應時間

　　心理學家認為，孩子在成長過程中必須經歷適當的挫折；有挫折經驗的孩子，就懂得在面對恐懼、挫折時鼓起勇氣往前邁進。

　　許多父母說因為孩子會害怕，所以很難分開睡。讓孩子一個人睡覺當然不容易，這時如果做法太過強勢，睡覺就可能成為孩子的夢魘，因此需要讓孩子有適應期。只要孩子面對的是「適當的」挫折，而不是不知該如何應對的挫折，對孩子來說就有益處，因此可以幫助孩子打造適應挫折、鼓起勇氣挑戰的成功經驗。

　　嘗試與孩子分開睡時，要能夠立即對孩子的反應做出回應，且就算在其他房間睡覺，也要努力讓孩子知道，爸爸、媽媽的注意力隨時都放在她身上，也隨時準備好要保護孩子，能夠讓孩子懷有安定感和信賴感。舉例來說，當孩子入睡與醒來時最好父母都在身邊；為了讓孩子中途醒來時，

只要喊一聲，爸爸或媽媽就能立刻跑去，可以事先將房門打開，或者替孩子準備搖鈴之類的東西。這時如果孩子能夠順利一覺到天亮，那就只要在入睡時陪伴孩子就行了。就算孩子已進入小學，睡覺時如果爸爸或媽媽能陪在身旁聊天，和孩子有自然的身體接觸，對孩子來說都是非常珍貴的時光，因此一定要撥出時間陪伴孩子。

有些父母嫌麻煩，覺得當孩子在凌晨呼喚時，還得跑到孩子的房間去，因此會忍不住覺得是否有必要分開睡。但假如你不希望當孩子出現第二性徵之後，依然毫不顧忌地介入爸爸和媽媽之間，或者孩子都已經長大了，卻仍不時突然打開房門，讓父母感到措手不及，分房睡會是很好的預防方法。

夫妻倆的不自在，由夫妻倆來承受

父母會針對與孩子分開睡提問，主因是有不少的夫妻長久以來都分房睡，因此對於同睡一間臥室感到尷尬或不自在。尤其，媽媽們會覺得和老公一起睡很不自在，或認為這樣就得盡行房義務，所以有不少媽媽會和孩子一起睡。

上課時，有不少孩子會說：「媽媽說爸爸會打呼，不想和爸爸睡。」但媽媽若無其事地說出不想和爸爸同床共枕，而孩子也清楚地知道這件事，都讓我感到非常錯愕。唯有夫妻共同使用臥室，孩子在自己的房間睡覺成為理所當然，才

能和孩子成功分開睡。

此外，孩子也必須認知到爸爸、媽媽是夫妻，所以才一起睡，還有主臥室是父母的房間，如此才能訓練孩子尊重彼此的空間和界線。

分開睡不見得是正確答案，也不可能一時半刻就成功，因此從孩子讀低年級開始，就需要讓孩子練習建立自己的界線。特別是在女兒的界線很容易受到侵犯的社會結構中，如果想讓孩子樹立自身的標準，勇於捍衛自己的界線，就必須從小在家庭中落實尊重界線的教育。大家可能認為睡覺、在家穿衣服、洗澡等都是微不足道的小事，但界線必須在家庭的日常生活中持續實踐才行。唯有明確知道自己的界線，受到侵犯時才能即時察覺並懂得尋求協助。

⓯ 在家中光溜溜地走來走去，會對孩子造成什麼影響？

> 「我有八歲女兒和九歲兒子，在我們家，洗完澡後光溜溜地出來是很自然的，而且平時也只穿貼身衣物。我聽某專家說，如果在家光著身子走動，就能在潛移默化中落實性教育，但可以維持到孩子幾歲呢？」

　　替父母上課久了，有些問題三天兩頭就會碰到，其中之一就是在家中的穿著。令人意外的是，大家經常聽到的不是在家中光溜溜地走來走去會被罵，而是如果讓孩子習慣成自然，就能達到在日常生活中落實性教育的效果，甚至讓人混淆到底該相信到什麼程度，哪些又該當成玩笑話聽聽就好。

不必擁有殺身成仁的精神也無妨

　　被問到在家中光溜溜地走動，是否就能自然落實性教育時，我會如此回答：「不必為了孩子的性教育殺身成仁，奉獻自己的身體。最近不就有很多書籍或媒體可以參考嗎？」聽到這樣的回答，父母都會哈哈大笑。如果是為了孩子的性教育，與其家人們在家中光溜溜地走來走去，還是告訴孩子乖乖穿上衣服比較好（我依然無法同意藉由展現身體來落實

性教育的做法）。在過去，因為性教育相關書籍或媒體並不發達，因此小時候頂多只能藉由觀看家人的身體，對男人或女人的身體有模糊的概念，但等孩子長大一點，就會逐漸習慣穿上衣服包住身體的環境氛圍，因此無論是在生活或學校，都缺乏澈底學習身體的機會。

不過，現在要取得與實際人體相同的圖畫和教具（教學輔助工具）非常容易，因此沒有必要為了進行性教育而展現自己的身體。相反的，如果在家毫無顧忌地光著身子走來走去，孩子卻感覺不到任何問題意識，等孩子長大之後，父母就會為了他們不穿衣服而傷腦筋。

實際上，有次我替國中女生進行小班制的性教育課程時，就有個孩子說：「老師，我對男人沒有任何幻想，因為我哥哥已經二十歲了，可是每次洗完澡之後，連內褲都不穿就光溜溜地在家裡走來走去。男生就是這麼白目，好髒好噁心。」下課之後，我就一再地向那孩子的母親強調教育與指導兒子的必要性。

穿著要從禮儀的觀點教導孩子

我們不必刻意把穿著和性教育作連結。等孩子能自行穿衣服時，再對孩子進行禮儀教育，讓孩子知道在家人面前也要乖乖穿上衣服就行了。我們不會因為覺得穿衣服不自在，與他人見面時，不穿衣服就出門。儘管感到不自在，但我們

依然必須具備禮儀。在家中，只要從這角度教育孩子就行了。雖然不見得要穿得體面，但至少要把必要的部位遮住，不要讓彼此感到尷尬。

觀察那些會在家中光著身子走動的孩子，就會發現有相當高的比例是因為他們已經習慣父母平常就這麼做。也有不少家庭是媽媽穿著衣服，但爸爸只穿內褲走動。當我到幼托機構或小學上課時，有非常多的孩子會提到爸爸的穿著打扮總是很無拘無束，因此，父母需要先以身作則。

在家穿著衣服，包含了「我的身體很珍貴，所以需要好好保護」，以及「因為要尊重別人，所以就算我覺得有點不舒服，也要把衣服穿上」的意義。假如孩子不喜歡穿衣服，最好先跟孩子聊聊，了解孩子不想穿的原因，然後先從穿上內褲開始嘗試。另外，也要檢查衣服的設計或材質，是否有穿起來不舒服的地方。假如全家人都是走同一個路線，也可以買同款睡衣，製造家人之間的回憶。

⓰ 可以給孩子看露骨的 性教育圖片嗎？

「我想替孩子上性教育，買了書之後卻嚇了一大跳。內容也就算了，但圖片實在太露骨了，那種圖片和書籍對孩子來說不會太刺激嗎？」

　　當我推薦父母挑選市面上的書籍和孩子一起閱讀時，有不少父母會感到擔憂。究竟該如何區分內容是否會對孩子造成刺激呢？

關鍵在於用孩子的眼睛去看

　　不久前，韓國曾為了一本性教育繪本而展開激烈討論。儘管至今未有定論，但它已被排除在女性家庭部[2]選定的兒童優良讀物之外，而這本書名聲大噪的原因之一就在於圖片過於赤裸，裡面鉅細靡遺地描繪了一絲不掛的男女發生性行為的畫面。

　　這時的重點，在於孩子們如何看待這本書的圖片。在孩子的眼中，也覺得這些圖片很刺激，看了很不舒服嗎？看著

2　女性家庭部是韓國中央行政機關，制定政策促進性別平等與管理、家庭暴力與性虐待的防止及受害者的保護、賣春的防止及受害者的保護、推進女性權益地位的提高、以及婦女兒童的福利與家庭政策等相關事務。

圖片感到不舒服的是孩子，還是大人？或許是因為大人感到不舒服，所以才認為孩子也會這麼想吧。

孩子不會另作聯想

當我向孩子們解釋身體構造和性行為的知識、拿圖片給他們看時，可以發現年紀越小的孩子，反應越平淡無奇。換句話說，大人們擔心的「衝擊」或「刺激」多半都不成立。孩子們只會按照大人的解釋去理解而已，當孩子在我們說明身體構造或性行為時，會感到害羞或不自在，都是在他們已經開始認知到這些是禁忌的時候。

對「性」有這樣的態度，百分之百是受到父母或一起生活的大人影響。儘管孩子也可能會認為身體很珍貴，但假如基於父母的無知或杞人憂天，導致孩子必須處於小心翼翼、隱藏或羞愧的氛圍下，孩子就會認為自己不該輕鬆地談論身體或性。

應該教導孩子什麼？

對孩子進行性教育，包括告訴孩子我們是如何出生、我們的身體長什麼樣子、應該如何對待身體、為什麼要尊重自己和他人、該如何尊重等。此外，還有告訴孩子如何珍惜與尊重自己與自己的身體，以及他人與他人的身體。

不過，如果無法提供基本的認識，就無法確實落實性教

育。我們不能忘了想要教導孩子的本質是什麼，也要避免該本質不受到汙染，原封不動地傳達給孩子，這是父母和大人們要扮演的角色。特別是女兒，基於身體構造的緣故，平常也沒辦法看清楚自己的生殖器。因此，重要的是要告訴女兒如何保護和保養私密處，而不是讓孩子傻傻地不知道生殖器長什麼樣子，以為這是個絕對不能去看，也嚴禁去觸碰的身體部位。

因為不習慣，難免會不自在

如果你為了不知該如何對孩子談論性而感到茫然，那麼可把繪本當成輔助工具。站在父母的立場上，剛開始接觸圖片時，可能多少會感到不自在，但那比較可能是因為自己還不習慣，加上成長過程中沒有接受相關教育所致。把性教育繪本拿給孩子看之前，父母先閱讀一次，讓自己熟悉一下吧。當你越來越習慣之後，就會逐漸意識到，看到描繪身體構造的書，卻產生不純潔的想法，究竟是孩子的問題或是大人的問題。

⑰ 孩子很好奇寶寶怎麼出生

「我家的孩子八歲了，他很好奇寶寶是怎麼出生的。我只說爸爸和媽媽相愛之後就會有寶寶，但是不是解釋得不太夠？」

當孩子形成性別認同，開始好奇關於存在的問題時，就會想知道寶寶怎麼出生、寶寶從哪裡來等問題。

父母應該準備好解釋

碰到孩子提出問題時，尚未做好準備的父母多半會不知所措，於是隨口掰出一些奇怪的說詞來打發，用開玩笑的方式蒙混過關，偶爾還會斥責孩子，或者故意轉移話題，反而讓孩子一頭霧水。舉例來說，碰到「爸爸、媽媽，為什麼會有寶寶？」的問題時，父母通常會這樣回答：

「嗯？喔，寶寶是從橋下撿回來的。」
「寶寶是送子鳥叼來的。」
「爸爸、媽媽很誠心祈禱，老天爺才送給我們的。」
「（笑）等你長大之後就知道了！」
「你還小，不用知道這個！（笑）」

或是設法轉移注意力說：

「你有洗手了嗎？趕快去洗手！」

「你功課做了嗎？不要說些有的沒的，趕快去做功課！」

基本上，當孩子進入四歲就可能會問這個問題，因此，父母最好在這之前補充相關知識並做好準備。因為當孩子提出與性相關的問題時，父母出現的反應和態度，要比告訴孩子答案更重要。

配合孩子的年齡去說明

如果孩子是四、五歲，以許多父母會使用的方法來說明就夠了：「是因為爸爸的精子和媽媽的卵子相遇後，才有了寶寶。媽媽的生殖器在體內沒辦法移動，但爸爸的生殖器可以移動，所以會跑來跟媽媽的生殖器結合。」如此解釋時，孩子可能會提出額外的問題，不過大部分的孩子都會接受父母的說法。如果運用繪本，解釋起來就更輕鬆，而且比起用說的，孩子也更偏好視覺化的資料。

如果孩子正值六、七歲，就算孩子可能記不起來，使用相對精準的用語來說明為佳：「是因為爸爸和媽媽的生殖器相遇才有小寶寶。媽媽的身體會排出跟雞蛋一樣的卵子，而爸爸的身體會製造長得像蝌蚪的精子，當卵子和精子相遇，

精子游向卵子之後，就會形成寶寶。精子會透過爸爸的陰莖跑到外面，再通過媽媽的陰道進入子宮，並與卵子相遇，才會有小寶寶。」

　　雖然說明的脈絡和四、五歲時差不多，但多了精確的用語，說明也稍微詳細一些。就算孩子記不起來也沒關係。事實上，像陰莖或陰唇等詞彙都是日常中陌生的詞彙，所以對孩子可能還太難。就算不記得精子或卵子等用語也沒關係，以後再次解釋給孩子聽就行了，所以不必特別花心思讓孩子背下這些用語。

　　等到孩子八、九歲左右，就可以再跟孩子多說明一些。不過有些父母會覺得兩難，不知道這時應該如何解釋得更多。如果以科學的角度切入，父母就能毫無負擔地侃侃而談，也就是說，直截了當地說明就行了：「精子和卵子相遇時，才會有小寶寶。精子在爸爸的身體裡，而卵子在媽媽的身體裡。因為卵子不會移動，所以它會在媽媽的身體等待精子，而精子會游泳，所以它會跑過來找卵子。精子會透過爸爸的陰莖跑到外面，再透過媽媽的陰唇進入並與卵子相遇。這時要注意的是，如果精子碰到空氣就會死掉，所以它不能碰到空氣，必須立刻去找卵子才行。換句話說，只有爸爸的陰莖和媽媽的陰唇碰到之後，才會有小寶寶。」

　　假如孩子的年紀更大一點，或者孩子在日常生活中學習到許多與性相關的知識，也可以告訴孩子，媽媽的內部性

器官是位於肚臍內的胞宮（子宮），而爸爸的內部性器官則是尿尿的地方下面的睪丸。在這年齡層的孩子，偶爾會問更詳細的問題，碰到這種情況，找繪本或網路資料來學習也是不錯的方法。不過，上網時可能會碰到不該接觸或錯誤的資訊，因此父母務必事先確認，搜尋過程中也要在旁陪同。

態度比正確答案重要

當孩子提出與性相關的問題時，就算不知道該怎麼回答，但只要笑著做出反應，就可以說是最佳的應對方法。孩子提出與性相關的問題並不是壞事，而是孩子很健康發育的信號。就像原本不會說話的孩子，首次開口說出某個詞一樣，用愉快的心情做出反應即可。這時，重要的是不要驚慌失措，而是露出微笑，用孩子很懂事的眼光看待「我們○○對這件事很好奇呀？爸爸（媽媽）跟你說……」或者「爸爸（媽媽）也不太懂，不然我們一起找書來看？」這樣就是非常棒的處理方式。只要這時回應得當，孩子的性教育就幾乎可以說是成功了。

孩子會問小寶寶怎麼來，是因為想確認自己的存在，而這件事可能攸關孩子的自尊感，因此最好在舒適自在的氣氛下自然地延續對話。如果認為基本說明已足夠，還可以再延伸相關主題，像是在醫生的協助下的人工受精、試管嬰兒，以及收養由他人的精子和卵子結合後出生的寶寶作為家人

等。關於家人與生命的誕生，幫助孩子有更寬廣的理解吧。另外，替女兒說明小寶寶誕生的過程中，要避免將卵子或媽媽形容成過於被動的角色。還有，如果能夠一併傳達這概念就更好了：「不是所有女性都需要經歷懷寶寶的過程，而是當自己有意願時，能自主做出的決定。」

當孩子問，寶寶出生時會不會痛

當孩子還小時，會以為小寶寶是在橋上撿回來、從肚子跑出來，甚至還有孩子說是從肛門出來的。在他們得知寶寶是從陰道生出來的時候，會心想：「寶寶竟然是從那麼小的地方出來！」接著很自然就會覺得「那一定很痛」。

實際上，生產的痛苦是一種無法用言語形容的痛苦；所謂的無法用言語形容，雖然也包括了疼痛的意思，但同時也是因為不曾經歷的緣故。不過，若問那些媽媽關於生產的細節時，她們最先想到的卻不是生產的痛苦，而是初次見到寶寶的那一刻，其中分明存在著痛苦，但更多的卻是感動與幸福。在生產的痛苦中，包含了足以蓋過痛苦、無法以言語形容的感動與幸福。還有，相較於生產時的疼痛感，大部分的媽媽都把注意力放在孩子有多珍貴上頭。如果有機會看到媽媽生產完之後，醫療人員在做後續處理時，媽媽的眼中只看得到寶寶並露出微笑的樣子，就會懂得這句話了。

生產是媽媽與寶寶共同創造的奇蹟

生產時，雖然媽媽會記得當時的痛苦，但寶寶只是沒辦法表達罷了，其實寶寶也很辛苦。寶寶必須知道自己應該何時出來，也必須以倒臥的姿勢待在小小的子宮中。還有，寶寶必須發送訊號給媽媽，等到媽媽的身體準備就緒，寶寶才能來到這個世上。為了通過媽媽小小的骨盆，寶寶必須使出全身的力氣。當頭部朝下出來之後，寶寶就會自行改變方向，縮小肩膀和身體，讓整個身體來到外頭。在此過程中，孩子憑藉著想來到這個世界的意志，而媽媽則是懷抱想減輕寶寶辛苦的心情，雙方齊心協力，最後才能遇見彼此。

痛苦並不是生產的全部，生產是寶寶與媽媽合力創造的奇蹟。因此，希望媽媽能告訴孩子，生產並非痛苦的象徵，而是遇見寶寶的奇蹟。

減輕生產痛的健康管理法

平時做些運動，即便是懷孕時也做些簡單的運動，有助於減輕生產的疼痛感，生產過程也會比較順利。此外，經痛嚴重或生殖器官不健康的人，應該從小就管理生殖器官的健康，像是不吃速食、讓身體保暖、適當運動、壓力管理、衛生管理都是必要的，這些習慣也有益於順利生產。

懷孕不是必經的過程，但為了減少可能會面臨的生產痛，經歷健康的懷孕與生產過程，就有必要教導孩子全面的健康管理法。

⓲ 孩子們脫衣服，互相撫摸身體玩耍

「七歲的女兒和八歲的兒子脫掉衣服，互相在觸摸身體玩耍。那一刻，我感覺天好像塌下來了。我該如何教育孩子呢？」

　　這是撫養一對兄妹的家長提出的問題。不光是在兄妹之間，異性朋友來玩，或表（堂）兄弟姊妹之間，也不時發生這種情況。

盡快判斷情況

　　發現孩子們會脫掉衣服，把觸摸身體當成遊戲時，首先要做的事情就是判斷情況，這是能推測孩子是在玩遊戲或施加暴力的關鍵時刻。假如這個階段沒有處理好，就可能發生孩子們宣稱是在玩，卻被當成暴力事件處理的狀況，又或者明明是暴力，孩子們卻以為只是在玩，導致下次發生更嚴重的情況。

　　家長必須考慮到各個層面並做出判斷，包括程度到哪裡、是不是第一次發生、玩遊戲的孩子中有沒有人心情惡劣或想要隱藏等。這時應該要小心的是，無論任何情況，都不能逼問或斥責孩子，而應該要抱持真心想知道的態度，以溫

柔和藹的語氣詢問。

根據狀況回應

假如判斷孩子只是單純地在玩看病遊戲或扮家家酒，所以才脫掉衣服，那就不必嚴厲斥責孩子，而要針對遊戲給予指導，包括告訴孩子，玩遊戲時要遵守哪些規則，還有我們要時時珍惜彼此，不能隨便觸碰或看對方的身體。

假如是因為有人感到不快或起了小爭執，所以才脫掉對方或自己的衣服，或者這個狀況已經發生許多次，又或者是好幾個人脫掉其中一人的衣服。只要發現孩子們不是在玩看病遊戲或扮家家酒，而是出於好奇心才這麼做，就必須以較為果斷的態度告訴孩子，這可能會形成暴力行為。務必要讓他們知道，有些事絕對不能去做。

語氣果斷，但不是責罵

碰到與性相關的狀況時，最糟的應對方法莫過於責罵。比起讓孩子感覺到自己挨罵，更重要的是讓孩子理解自己哪裡做錯了，以及什麼事不該做。孩子當下或許沒有想太多，但事過境遷，可能會對當時的情況產生羞恥心或懊悔，但假如沒有讓孩子了解到做錯什麼，只讓孩子經歷負面情緒，這可能會造成負面影響。

尤其是當孩子還是小寶寶時，就算兒子脫掉了尿布，

也能自由地在家中跑來跑去，但女兒卻是被包得緊緊的。因此，即便是脫掉衣服在玩相同的遊戲，女生感到羞恥的可能性更高；而家長教訓或逼問的反應，可能會對女兒造成莫大的羞恥，甚至引發罪惡感。記住，主要目標在於告知遊戲的規則和尊重的態度，並保持果斷但溫柔的態度。

配合發育過程給予關注

五到八歲左右是孩子可能會玩「性」相關遊戲的年紀，例如：玩看病遊戲或扮家家酒時，把衣服脫掉或有身體接觸。因此，當孩子們在玩類似的遊戲時，最好讓孩子們待在父母的視線範圍內。至於在玩其他遊戲時，為了孩子的態度和安全著想，也最好讓他們在看得見的地方玩耍。

⑲ 大剌剌的女兒，應該擔心她嗎？

「我女兒目前讀國小三年級，但她已經超越豪爽的程度，而是像個女漢子了。第二性徵馬上就要出現了，可是她卻不懂得小心，所以我很擔心。」

　　我們在日常生活中把「女性化」、「男性化」的說法用得非常自然，可是男性化與女性化的標準是什麼，是從何時開始，又該如何界定呢？

女性化和男性化是不存在的

　　每個社會和文化都有各自對女性和男性要求的性別角色，我們稱之為性別（Gender）。社會偏好符合該性別角色的人，也具有讓男性和女性配合該標準的傾向，甚至有時會批判不符合該標準的人。可是，許多學者卻表示「性別」的概念不存在，打從一開始就沒有所謂的男性化和女性化。

別為女兒設定「女生」的界線

　　我們不時會使用「大剌剌的女兒」這種說法，但這種說法，或許也等於是說女兒偏離了社會要求的女性化行為或傾向。那麼，社會上普遍要求的女性化是由誰來決定？就算

無法改變既定的部分好了，難道所有人就非得走入框架不可嗎？當某種框架存在，人又只能進入框架時，我們的成長自然就只侷限在框架內。若以女性化的框架關住女兒，女兒就只能忠實地扮演女性化的角色，意即，她受到的限制會越來越多。

第二版的明尼蘇達多面向人格測驗（Minnesota Multiphasic Personality Inventory-2，MMPI-2）是神經精神科或臨床心理專家會使用的心理測驗，其中就出現了男性化與女性化的標準尺度。在這標準中，女性化會出現被動、依賴、服從、順從、溫順、自我貶低的特徵；男性化則會出現主動、高度忍耐、成就導向、具攻擊性的特徵。看到MMPI-2 中出現的男性化與女性化特徵時，你有什麼樣的感覺？由於這份測驗的標準無法反映出時代的趨勢，近年來便受到了質疑。

我們有必要去思考，大眾普遍認定的男性化與女性化是否就像那樣。身為父母的我們，是否期待女兒乖巧地坐著、安靜地玩耍，而沒有大刺刺的動作。

如今社會改變，觀點也變了

如今我們已揮別男主外、女主內的世界，逐漸走向了無論是累積社會經驗、經濟能力、家事與養育都由男女共同承擔的社會。這樣的世界，在各方面都有利於想擺脫男性與女

性的框架，從各種角色中解放，努力突破自身界線的人。

　　就算父母沒有把社會要求的女性框架套用在女兒身上，到了社會上，也有數不清的人會強迫她進入框架。這時，父母應該避免讓孩子失去自我，尊重並守護孩子與生俱來的獨特色彩，而不是要求她符合社會所要求的女性化標準。認同孩子既有的樣貌，女兒在人生中所感受到的限制也會逐漸減少，女兒不會只用身為女人的眼光看待自己，而是去發展身為一個人的各種可能性。即便女生大剌剌的也不要緊，無論何種樣貌，我們的孩子都是世界上最令人憐愛的孩子。

　　希望各位父母能再次提醒自己這個真理——我們的女兒生來就已經夠完美了。

⑳ 孩子想讓別人看她的身體

「七歲的女兒老是想讓我看她的身體。聽說不久前，她還跟同班的男生跑到廁所去，互相讓對方看自己的身體，我該怎麼教育她才好呢？」

　　有時會碰到父母煩惱孩子在玩給對方看身體的遊戲。知道孩子主動說要給別人看身體時，父母的首要之務，是控制自己驚慌失措的情緒。

教導態度很重要

　　發生某件事時，有許多父母會感到措手不及，為了盡快掌握狀況，於是不由分說地質問孩子為什麼要這樣做。這時，孩子沒辦法像大人一樣有條理地說明狀況，導致後來只覺得爸爸、媽媽不斷在逼問自己，自己也因為這個行為而挨罵。此外，多數父母會以教導為藉口，讓孩子產生受辱感，而這種態度會促使孩子對於原本視為遊戲的行為感到羞愧，終生把自己當成會在朋友面前做出脫衣這種羞恥行為的人（這種說法可能有些偏激，但如果小時候對性相關的行為感到羞恥，通常會有貶低自身價值的情況）。因此，發生某種狀況時，父母有必要控制情緒，把情況和本人的情緒區分開

來，冷靜地做出反應。

當孩子做出不恰當的行為時，假如教導方式太過寬鬆，就無法達到改正行為的效果，孩子也可能會私底下偷偷做出該行為；如果教導方式過於負面，孩子就會對性產生負面的認知。也就是說，父母的教導會對孩子造成另一種刺激。因此，教導時的態度要溫柔，但也要果斷。

理解孩子的行為，並教育她

孩子想讓別人看自己的身體，可能是出於好奇心，或者真的以為這是在玩遊戲。知道男女生的身體構造不一樣，有些孩子就會想要親眼確認其不同之處。

當孩子意識到男女之間的差別，提出越來越多的問題，父母就會開始注意自身的行為或穿著，在家也會要求孩子注意行為。因此，滿足好奇心的管道也就慢慢減少。在這時期，當孩子對自己與男生的身體產生好奇時，就會想親眼看看朋友的身體，同時也讓對方看自己的身體，藉此消除心中的好奇。為了預防這種情況發生，在完全消除孩子的好奇心之前，必須運用繪本和童話書對孩子進行性教育，也必須告訴孩子，不能因為好奇就去看別人的身體，或者讓別人看自己的身體。

還有一種情況是孩子和朋友在玩扮家家酒遊戲時，模仿爸爸、媽媽脫掉衣服躺著的畫面，或者玩著互看對方身體的

遊戲。碰到這種情況，就要告訴孩子玩遊戲時應該遵守的禮儀，或者絕對不能跨越的界線，以及什麼叫做珍惜自己的身體。另外，也要確認孩子是否有可能曾撞見夫妻倆發生性行為的場面。

有時，孩子可能不是出於自願，而是朋友三番兩次地要求，才讓對方看自己的身體。碰到這種情況，根據孩子當下的感受，有可能視為遭受暴力，因此要更留心觀察孩子的心情。

提出理由和應對方案

孩子通常不像大人一樣能自行找到解答，也經常不了解行為上有哪裡做錯，因此要改正孩子的錯誤行為時，一定要說出讓孩子接受的理由。

向孩子解釋時，可以像這樣和孩子一起尋找替代方案：「原來你是因為想跟朋友玩好玩的遊戲啊？不過，就算和朋友玩的時候，也要遵守規則喔。你的身體很珍貴對吧？朋友的身體也很珍貴，所以我們不能隨便給別人看身體，也不能要別人給我們看他的身體。就算你不讓朋友看身體，也有很多方法可以和朋友玩得很開心；脫掉衣服、給對方看身體不是什麼讓人開心的遊戲，朋友可能會覺得很丟臉，心情變得很壞。所以，和朋友一起玩開心有趣的遊戲比較好，對吧？你覺得什麼遊戲比較好玩呢？」

㉑ 女兒非常討厭男生，該怎麼辦？

　　在替父母上課時，有許多父母會希望孩子可以越晚談戀愛越好，不過也有不少父母認為女兒討厭男生的程度過了頭，所以來要求諮商。

試著找出原因吧

　　這時需要先思考一下，孩子是從什麼時候開始討厭男生。觀察孩子是否從小就對女生有好感，經常跟在女生後頭，又或者何時開始躲避或討厭男生，就能抓到某個關鍵點。這也可能是發育過程的特性，或者是受到家人，尤其是父母的影響。尋找各種可能性與連結，就能帶來解決問題的線索。

理解孩子的發育過程

　　假如沒有特殊契機，那父母就有必要多理解孩子的發

育過程。從出生到三歲左右的孩子，無法明顯認知男女的差異；直到四歲開始，孩子形成性別認同時，也對男性和女性的特徵產生好奇。從這時開始，父母會把自己認定的男女特徵解釋給孩子聽，也會希望孩子建立相同的思維，依此行動。

從六到九歲時，孩子會將男性和女性澈底區分開來，十到十二歲時，則會對性別角色形成彈性思維，接著等到青春期就會擁有「性別角色的既定印象」。根據父母解釋性別角色時，抱持多大的彈性以及在日常生活中的表現，將會決定孩子往後，是抱持彈性開放的態度抑或是刻板印象。

確認是否受到家人的影響

當孩子對性別角色出現強烈反應，對異性表現出排斥時，就需要觀察平時家人相處的情況。家庭內的男女比例、各性別分擔的角色、對待女兒的方式等，都會對孩子的性別觀點和感覺造成莫大影響。

我去上課時，曾遇到有個孩子說討厭男生。我問她為什麼，結果她說因為男生都會欺負女生，而且又很懶惰。我再進一步追問，才知道那孩子的爸爸非常大男人，幾乎都不做家事，導致媽媽必須一人辛苦包辦所有工作。雖然孩子才就讀小學低年級，但看到爸爸的樣子，便對男生產生排斥感，在學校看到惡作劇的男生後，更加強了對他們的排斥感。

女兒把男生視為平等的存在，在男生面前不會扭捏畏縮，而且表現得理直氣壯，這些態度都與父母的性別平等水準相關。特別是爸爸對女兒採取什麼樣的態度、在家中負責何種角色與義務、夫妻關係是否平等、平時媽媽在女兒面前有多常罵爸爸，都會造成深遠的影響。因此，如果孩子討厭男生，那爸爸的態度、媽媽的情緒都有重要的影響。

針對此事與孩子對話

發現女兒討厭男生時，在日常生活中就要持續告訴孩子，男性與女性並無太大不同，都是很珍貴、有能力的存在。不過，要解決這種情況，並不是直接用「認為他們很珍貴」的訓育方式。因此，除了教導孩子兩性平等、男女生都很重要，也需要針對孩子討厭某人這件事進行充分的對話。重要的是，透過對話讓孩子明白，假如討厭某人的原因出自於自己，那不僅自己會痛苦，也可能對那個人造成傷害。

㉒ 第二性徵，
該說到什麼程度才好？

「孩子要升上小學四年級了，身體很快就會出現變化，但我應該怎麼在孩子面前提起第二性徵的話題呢？還有，我也不太清楚該說到什麼程度。」

　　如今大部分父母都知道子女性教育的重要性與必要性，只不過最讓父母困擾的事情，還是該在何時、用什麼方式開口，以及該講到什麼程度。

就算不知道專業用語，孩子們也知道身體出現了變化

　　雖然在幼兒面前說起「第二性徵」這個名詞時，孩子可能會聽不懂，不過即便不用這個字眼，幼兒也知道爸爸、媽媽的身體和自己不同。還有，他們也知道就讀國高中的哥哥、姊姊的身體和自己不同，只不過是無法把這種變化與自己連結起來罷了。不過，到了四歲左右，當孩子學習到「性別認同」時，就會知道女生會像媽媽、男生會像爸爸一樣變成大人，身體出現變化，包括自己的身體也不例外，然後孩子的腦中就會冒出許多問題。

　　孩子們閱讀的性教育童話書中，也有長大成人的過程，

身體會產生哪些變化的內容，最好從小就讓孩子自然而然地接觸這些媒介。

趁青春期之前、發生變化之前，事先教導孩子

所有性教育的內容，最好在孩子親身經歷前事先教導他們。可能會有父母擔心，如果事先教導，會不會對孩子造成刺激，但可以確定的是，如果不提前告訴孩子，她經歷的混亂反而會造成更負面的影響。那麼，我們該從何時開始告訴孩子，又能說到什麼程度呢？

在幼兒閱讀的性教育童話書就可以看到這些內容，所以只要配合孩子的年齡說明即可。如果是五到八歲的女兒，可以不用講得很具體，只要以「妳和媽媽都是女生，但身體長得不太一樣吧？聲音也不一樣。人在變成大人的時候，身體就會慢慢出現變化，妳的個子也會慢慢變高，身體也會長大。接下來，妳會像媽媽一樣有胸部，私密處也會長出毛髮，妳覺得怎麼樣呢？」詢問孩子的感覺就行了。

如果是九到十歲左右的女兒，就可以講得再具體一些：「到了四、五年級時，身體就會開始正式發育，女生會慢慢出現胸部，腋下和生殖器也會長出毛髮，也會來初經，這時妳要好好珍惜、呵護身體。進入青春期時，妳可能會覺得很煩躁，或者腦袋感到很混亂，雖然身心開始出現變化，但是這代表妳正逐漸成長為健康的大人，所以把它想成是一個正

面訊號就行了。還有，媽媽會支持妳的改變，永遠陪伴在妳身邊，所以如果妳有任何煩惱或想知道的事情，隨時都可以說出來。」

到了十一歲左右，包含初經教育在內，就可以很具體地替孩子說明第二性徵，同時充分表達自己會支持孩子、時時陪伴孩子的心。

談論第二性徵時，必定要遵守的原則

家中有女兒的父母，碰到孩子的身體開始出現變化後，煩惱也跟著與日俱增。世道險惡，女兒會不會成為犯罪者眼中的目標？會不會被同班同學捉弄？孩子會不會犯下什麼失誤？帶著這種擔憂，讓父母最常耳提面命的就是「你現在也慢慢要變成大人了，所以要小心點」。此外，關於初經或身為女人，父母也會在無形中傳達出「生理期來的時候會很痛，會很易怒、煩躁」、「你別像媽媽一樣結婚，想做什麼就去做吧」、「除了爸爸之外，任何男人都不能相信」等負面訊息。

孩子所經歷的第二性徵，正是孩子健康地長大成人的信號，不需要對這種信號小心翼翼，孩子也不該因為第二性徵而畏縮或失去自信感。特別是在把評價女性的身體視為稀鬆平常的社會中，為孩子灌輸「因為女生的身體發生變化，所以必須比之前更小心」的訊息，等於是在成為社會主人翁的

孩子身上加上其他包袱，導致孩子連自信心也跟著失去。

　　曾有位母親問我：「老師，我明白您的意思，可是最近社會太可怕了，我實在沒辦法不叫孩子小心。」我並不是要父母傳達出「不必小心也沒關係」的訊息，在提醒孩子小心時，應該帶著「你是自己身體的主人，因此必須懂得愛自己的身體，珍惜自己」的觀點去談，而不是因為「他人的視線」。學校或社會上就已經談了許多負面的性教育主題了，所以我希望至少在家庭中，父母能以正面的觀點教導孩子。

　　跟女兒談論第二性徵時，最好去掉「行為舉止配合他人眼光」和「身為女性，行為舉止要端莊」的部分，並鼓勵孩子成為比任何人都懂得尊重自己、珍惜自己、愛自己的自主女性。

㉓ 應該怎麼解釋生殖器呢？

「孩子說想看自己的生殖器長什麼樣子，我該怎麼跟孩子解釋呢？」

　　女生並不是從小就看著生殖器長大，所以當孩子從懵懂無知到透過繪本學習後，通常會大吃一驚；又或者進入青春期之後，對自己身體發生變化的時機好奇，但在觀察生殖器的樣子後，又不免驚慌失措。

很難看清楚的女性生殖器

　　女生的生殖器構造跟男生不同。男生是露在外頭，每次小便時都能看到並需要握著生殖器，女性的生殖器構造是往內的，而且因為位於下方，所以很難看清楚。還有，比構造更重要的是，以前人們認為，女性的生殖器是羞於見人、必須藏起來小心保護的部位，所以即使是自己的身體，也會覺得不能隨便觸摸或深入窺探。

　　傳統上認為女性生殖器是無關緊要的部位、不重要的部位，有了它，反而會產生欲望，所以甚至會把它割掉（割禮）來防止女性欲望。由於這種認知，至今仍存在著，所以就算是自己的身體，女人也依然不敢隨便觸摸或細看。

當成是在看自己的臉

因為生殖器是個看不清楚的部位，所以反而平常就應該隨時觀察，要是發現有任何異狀，就必須找出原因並加以保養。女性檢查自己的生殖器時，可以將鏡子放在地上，然後蹲在鏡子上頭，或者將鏡子立起，張開雙腿，坐在鏡子前觀察。觀察生殖器之前，最好先將雙手清洗乾淨，並將指甲修短。因為生殖器是非常敏感且脆弱的部位，所以即便只是用沒清洗過的手去觸碰一下，對免疫力差的人來說，都可能成為導致發炎的致命行為，也因為它和口腔內側一樣非常柔軟脆弱，很容易就造成傷口。

生殖器也是我們身體的一部分，就像我們悉心照顧臉蛋一樣，也應該經常關心生殖器的狀況，把觀察生殖器當成健康管理的一環。

生殖器的構造與名稱

女性的生殖器如下圖。最上面叫做「陰核」，是最為敏感的部位，只要把它想成是和男性的龜頭相同的部位就行了。陰核存在的目的單純是性快感而已，這是個敏感部位，所以要小心避免撞到或受傷。

從陰核稍微往下一點是「尿道」。尿道是與膀胱相連，排出小便的通道；男人會透過陰莖排出小便和精子，但女人則分成尿道和陰道。從尿道再往下是「陰道口」，是精子進

入、排出月經、生出小寶寶的地方，是與子宮相連的部位。

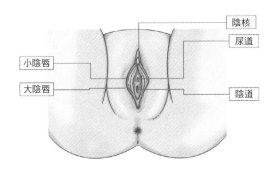

出處：Jaju School（自主學校）

關心與呵護生殖器

　　儘管社會上忽視女性生殖器的重要性，只把它當成懷孕與生產的通道，但這樣的看法正逐漸在改變。女性應該好好了解自己的生殖器，並把關心自己的生殖器視為理所當然。我的意思並不是說因為生殖器特別珍貴，而是因為它是我們寶貴的身體上特別脆弱的部位，也很容易遭到冷落，所以我們必須持續關心、觀察與保養它。此外，生殖器亦是得知女性健康狀態的通道。生殖器是女性身體最深處的特別部位，希望每位女性都能好好地關心、呵護它。

第三章

面對十幾歲的女兒
明確坦率地告訴她吧

㉔ 孩子會自慰

「我看到就讀國中的女兒在自慰。雖然有耳聞相關的事，但親眼見到自家的孩子那樣做，還是太受衝擊了。看到一個女生在做那件事，讓我不知道該説什麼才好。」

　　看到進入青春期的孩子在自慰，父母都會受到衝擊，即便事先做了心理準備，實際目睹時仍會驚慌不已，什麼話都説不出來，或者劈頭就開罵。尤其是無法想像女兒會自慰的父母，更是瞬間慌了手腳，完全不知道該怎麼辦。

尊重孩子也是性存在

　　站在父母的立場上，發現懵懂無知的女兒竟會做出性相關的舉動時，可能會飽受衝擊，不過越是這樣，就越應該要先尊重孩子，而不是試圖對話或進行教育。説得再冷靜客觀些，自慰是屬於孩子的私生活。只要是人，本來就會有性欲望，加上進入大量分泌性荷爾蒙的時期，就會產生想要探索了解身體並體驗性的欲望。青春期的孩子發育良好，也會在過程中實際做出與性有關的行為。

　　自慰是極為正常與私密的領域，因此父母必須記住，我

們的孩子是獨立的人格，而觸摸自己身體的權利也在孩子身上。

過去的父母只談兒子性教育

前面所提的「父母把孩子視為獨立人格並給予尊重的態度」並非前所未有，只不過父母通常只對特定性別，也就是只對兒子展現此種態度。

許多父母對於兒子的自慰行為抱持相當寬容的態度。我們前面也提到，某位性教育講師所說的「請在進入青春期的兒子房間內放舒潔衛生紙」就成了話題，甚至其中還出現當孩子在自慰時，如果父母不小心打開房門，就需要跟孩子道歉的內容。受到這番言論的啟發後，許多父母也認為這樣的做法是好的。我對此表示同意，也認為是個不錯的應對方式，只不過很諷刺的是，我從來都沒見過父母在女兒的房間做這件事。父母會試著學習並理解兒子的自慰行為，但對於女兒的自慰行為，相較之下卻很少開門見山地談論或嘗試理解。

觀察實際為了孩子自慰而要求諮商的父母，幾乎沒有人是為了兒子的自慰行為而來。只有偶爾當父母發現兒子自慰的方法很特殊，或者自慰時看太多情色內容時才會要求諮商。那麼，家中有女兒的父母又是如何？「老師，我發現我家女兒會自慰，我現在該怎麼做？」經常會有父母帶著絕望

的語氣來要求諮商，可是，孩子既沒有用特殊的方法自慰，又或者是在看情色內容，只是因為女兒自慰，就足以令父母受到衝擊。

我們有必要思考，是否對兒子採取比較寬容的態度，卻對女兒採取比較保守的態度。

需要教育正確的自慰方法

假如孩子並沒有嚴重到對自慰成癮，那麼有沒有自慰都不會造成問題。只不過根據孩子使用何種方法自慰，有可能會造成危險，尤其是女生的自慰方法中也隱藏著危險。

自慰時，最好將手和生殖器清洗乾淨，在輕鬆自在的氣氛下進行。此外，相較於觀看情色內容、具刺激性的影片或照片，集中在自己的身體上去感受更好。把某種東西放入陰道的自慰行為並不衛生，也可能使陰道內部有傷口，造成發炎。還有，使用危險物品（實際上我就曾碰到個案使用鉛筆或口紅膠自慰，造成流血的狀況）會對子宮頸造成傷害，因此要絕對避免。自慰結束之後，也要把手和生殖器清潔乾淨，做好善後工作。

自慰是一種探索與了解身體的過程，也是能獲得性快感的行為。它的目的不在於對身體造成危險，而是獲得愉快的心情。父母最好教導孩子正確的自慰方法，避免孩子對自慰有錯誤的理解。

透過專家或媒介進行自慰教育

要談論子女自慰的話題，父母難免會感到有壓力。知道孩子會自慰後，彼此也可能尷尬或不自在，但假如孩子沒有自慰行為，父母卻主動教導相關知識，又覺得像是在鼓勵孩子自慰一樣。

自慰教育是相當私密的領域，也可能是親子間難以談論的禁忌話題，因此委託專家、透過書本或教育影片來進行也是不錯的辦法。

㉕ 該怎麼跟孩子解釋同性戀呢？

「就讀小六的孩子很好奇同性戀是什麼，我該怎麼跟他說明呢？」

　　電影《波希米亞狂想曲》上映時，我遇到不少父母說，孩子在看完電影後問說什麼是同性戀，自己卻一時不知道該怎麼解釋，而且若是對此發表長篇大論，又不免擔心孩子會對同性戀產生更多興趣，去找更多相關資料。此外，至今也仍有父母將同性戀視為敏感話題。

從同性戀的基本認知開始

　　當孩子問起關於同性戀在內的性少數族群（LGBT）時，父母最好是抱持比較明確的態度來說明，而在此之前，必須先建立對同性戀者的基本認知。經常有父母會把跨性別和同性戀者畫上等號，或者認為這兩者都很不正常，但這兩者是截然不同的。同性戀指的是喜歡性別跟自己一樣的人，跨性別則是指某個人的生理與心理性別不同，也就是說，雖然擁有男人的身體，卻認為自己是女人，反之亦然。

同性戀是存在（existence）的問題

有些人會以「同性戀是對或錯」的角度來探討之，但這是不應該的。某個人的存在、其生命、隸屬於我們的共同體，這些都不能以對錯的標準來判斷。同性戀並不是對錯的問題，而是存在的問題。既然他們存在，我們就不具有以邏輯去判斷其存在本身的權利。

讀到這個段落時，有些父母可能會感到不舒服，那我希望各位可以再好好思考一下：我能根據有沒有好處來選擇自己喜歡的性別嗎？那是全然透過內心來感受，不是能基於需要隨時改變或選擇。即便遭受眾人抨擊、指責與歧視，這些人依然繼續當性少數族群，原因只是因為他們天生即是如此。同性戀者就只是同性戀者，異性戀者就只是異性戀者，我們無法以人的存在為主題，對此表示贊成或反對，而且任何人都沒有贊成或反對他人存在的權利。

別教導孩子如何憎惡他人

父母不能基於反對同性戀或自己感到不舒服，就以負面角度回答孩子的問題。還有些父母會以自身價值觀來貶低同性戀，或者從頭到尾避而不談，這等於是將自己內心的憎惡合理化，也是將這份憎惡傳授給孩子。

換句話說，父母貶低或疏遠與自身價值觀不符的人，就等於是在教導孩子，往後也可以理直氣壯地討厭、貶低、疏

遠不符合自身價值觀或看不順眼的人。絕對不能發生這種情況。值得注意的是，這種教育下的孩子往後很可能無法形成正常的人際關係。

只傳達事實就好

當孩子問同性戀是什麼，只要針對這點說明就好。

「原來你很好奇這個啊？同性戀是指喜歡相同性別的人，我們稱呼他們為同性戀者。在這地球上，有些人喜歡不同性別的人，有些人喜歡相同性別的人。爸爸和媽媽都是喜歡不同性別的人，對吧？雖然有比較多人是跟爸爸、媽媽一樣，不過也有些人是喜歡相同性別的人。」只要這樣講就行了。如果孩子沒有再提出其他問題，這樣回答就足夠了。

當青春期的孩子吐露自己對同性有好感

我曾遇過有家長聽到青春期的孩子說自己老是被同性朋友吸引，因此很不安地跑來向我諮詢。站在父母的立場上，孩子的告白可能會令你非常驚慌失措與茫然。父母之所以會有這種感覺，並不是因為內心對性少數族群的排斥感，才希望自己的孩子不要成為性少數族群，而是在內心深處，希望性少數族群所經歷的歧視與指責，不會衝著我的孩子來。

假如父母曾經研究過青少年期或孩子發育，大概會看過這樣的內容：進入青春期後，由於荷爾蒙分泌增加，同時因

為孩子還不懂得為情緒下定義，所以會把對同性的好感誤以為是愛。

相關書籍會建議父母做出這樣的反應：「在你的年紀時難免會這樣，不過時間過了就會好轉。不必太擔心，爸爸（媽媽）永遠都會站在你這邊。」不過，這可能又會對孩子造成傷害。因為上頭的反應包含了「異性戀者才是正常的，等過一段時間你就會變成異性戀者」的含意。

孩子說喜歡同性的朋友，不見得因為他是性少數族群，而是青春期的特性使然。如果是這樣，那麼上面的反應也就足夠了，但假如孩子是性少數族群，父母就可能在不經意的情況下對孩子造成傷害。在這個性少數族群是弱勢族群的社會中，自己卻可能不是異性戀者的事實，對當事人來說是最為混亂的事。

因此，相較於正常／不正常或對／錯的標準，重要的是傳達出「無論孩子是什麼樣的人，都是珍貴且具有價值的人」的訊息（我相信所有父母實際上都對子女抱持這種真心），同時也最好讓孩子知道，無論是任何話題，都可以跟爸爸媽媽聊。

孩子可能是性少數族群的事實，對父母來說也可能是個難以承受的消息，不過我希望各位父母不要忘記，當事人（孩子）可能要比他人（我）更加難以承受。還有，我們也要避免世界上最珍貴的孩子無法接受自己原來的樣子，一輩

子都在討厭自己的情緒中過活。我迫切地盼望，當孩子是性少數族群時，他在世界上初次受到的歧視與指責，千萬不要是來自父母。

㉖ 與孩子一起看到親密接觸的場面，孩子很難為情

「我和國一的孩子在看電視劇時出現了接吻的畫面。孩子突然板起臉說很噁心，但應該是覺得很難為情。這時我應該怎麼反應才好？」

　　最近媒體上出現的親密接觸畫面非同小可，接吻是最基本的情節，甚至連躺在床上的裸露畫面都出現了，要找沒有任何親密接觸的電視劇反而更難。當孩子逐漸長大，看到電視上出現床戲時，就會發生父母不知所措或孩子難為情的情況。

拋下想要傳達模範答案的壓力

　　多數父母看到床戲時，會默默地不做任何反應，內心暗自祈禱這段戲趕快過去，也有父母會若無其事地接下去看，或者以作業為藉口，要孩子回房間去。那麼，接下來父母最常做的行為是什麼？就是試圖想要將該畫面描繪成一件美好的事。

　　因為有很多父母教育課程強調要進行自然且正面的性教育，所以父母逐漸會產生壓力，認為自己必須傳達正向訊

息，讓孩子知道這是相愛的人之間才會有的親密舉動，而這份壓力，會導致他們以過度包裝的角度來談論性。

詢問孩子的想法，進行對話

孩子進入青春期前，可以使用單向傳達的方式進行性教育，但到了小學高年級左右，孩子也會有自己的想法和感受，因此先詢問孩子的想法之後再討論的方式，會比單向教育更有幫助。此外，如果一起看電視時看到情色的畫面，這時先別急著對板起臉孔的孩子解釋，而是應該先問問孩子為什麼會那樣想。

父母可以這樣問「在媽媽（爸爸）看來，是因為兩個人相愛，所以才會用親密接觸來表達對彼此的愛意，你為什麼會覺得噁心呢？看到那個畫面之後，你有什麼想法？」並聽孩子怎麼回答。透過對話，就可以大略知道孩子是怎麼看待相愛的戀人，或夫妻間愛的表現。萬一孩子的想法偏向負面，可以在日常生活中幫助孩子逐漸調整方向，或請專家幫孩子上課。假如認為孩子的態度過於開放或標準薄弱，就教育孩子制定自己的標準，協助其建立慎重的態度與責任感。

在生活中碰到與性相關的情況時，比起試圖想要教導孩子什麼，把這視為對話的機會，了解孩子的想法並進行討論會更好。

明確訂出要教育的義務

家中的孩子就讀小學高年級的父母中，有很多人會把給孩子看的性教育漫畫藏起來，或者不讓他們看到，可是碰到電視或電影上出現刺激性的畫面時就沒轍了，因此父母們很苦惱。

我們確實應該對會給孩子帶來性刺激的視聽內容，保持敏銳度與警覺性，不過，這只限於不必要且不恰當的性刺激，不代表不讓孩子知道他們應該知道的部分。包括父母在內的大人們，應該配合孩子的年齡，讓他們了解在成長過程中需要的、具有教育性質的性刺激，亦即進行性教育時需要的媒介與資料，這是身為父母與大人應盡的義務。

在這種脈絡下，任職於電視台的大人們應帶著性認知感受性，避免製作出有愧於孩子們的節目，而為了改變媒體一味追求腥羶色的文化，父母也要積極致力於反映觀眾意見。最好的辦法，就是電視劇或電視節目可能出現會讓人難為情的親密接觸時，不要和孩子一起收看；遵守電視分級制度是最基本的。

㉗ 孩子對月經持否定態度，該怎麼向她說明才好？

「五年級的孩子對月經抱持很負面的想法。眼見初經就要來了，我該怎麼說明，孩子才不會恐懼或討厭，自然地接受這件事呢？」

通常父母都不知道孩子如何看待月經，直到孩子出現第二性徵，才開始陷入煩惱。

父母先檢視自己的感受

正在閱讀本篇文章的父母，先回想一下自己經歷的狀況吧。如果是讀男女同校的媽媽，想必曾經有過為了避免被男同學看到，於是像是在進行《不可能的任務》般，小心翼翼地將衛生棉帶到洗手間去的經驗吧？在超市買衛生棉時，也會有老闆拿出本來沒有的黑色塑膠袋幫忙裝入，或者用報紙替女性顧客包起來。

「生理期」這個說法之所以普及的理由也值得探討。「生理期」指的是女性的身體排出汙血和廢物，但因為沒必要刻意另外為它命名，所以才使用這個名稱。有研究顯示，會使用生理期這個稱呼，是因為它就跟大小便一樣，都是生

理現象的一種，所以就乾脆這麼稱呼它（據說「生理期」這個詞是來自日本）。

不過，其實使用「生理期」這個詞也讓我們很難為情，所以更習慣拐個彎稱它「那個」或「大姨媽」；而在衛生棉廣告中，我們也更習慣用藍色液體取代紅色血液。身為家長的我們所經歷的月經，在社會上具有如此負面且消極的形象，導致我們也很可能不自覺地認為它是必須小心提及、必須隱藏起來的主題。

替孩子說明月經之前，父母是如何看待月經的態度是至關重要的。特別是女兒會看到媽媽月經來時的樣子，也會參考媽媽這位前輩對月經的想法和感覺，所以造成的影響要比想像中更大。家長是如何看待月經的呢？希望身為媽媽的妳能先想想看，當月經來的時候，是否曾在孩子面前表現出煩躁的情緒、痛苦地躺在床上，或者說出「有了月經之後就不會長高，希望孩子的月經別來」等負面話語。

對於即將面臨的第二性徵，孩子們抱持的態度比想像中更認真，也更感興趣。即便是絲毫不感興趣的孩子們，也知道媽媽經期來的時候會和爸爸吵架或不耐煩。因此，媽媽有必要檢視自己在經期時，是否曾在女兒面前毫不修飾地展現負面的言行舉止或情緒。

灌輸關於月經的正面認知

替小學高年級的女學生上月經相關課程時，必定會碰到對月經存有負面想法，不希望月經來的孩子。無論再怎麼傳達客觀事實，仍有孩子會自行賦予負面意義，並說希望自己的月經不要來。關於月經，實際上孩子們是這樣說的：

「生理期來的時候，會不會痛到死掉？」

「生理期來了之後，就不會長高了嗎？媽媽說個子會長不高，所以越晚來越好，可是如果早點來會怎麼樣？我希望可以再長高一點……」

「只要碰到那天，我媽媽就會跟爸爸吵架，還會哭，我怕自己也會變成那樣，所以不想有月經。」

「如果去學校時，經血沾到衣服的話怎麼辦？為什麼只有女生有月經呢？」

「聽說那個超級麻煩，會渾身不對勁，所以我希望月經不要來。為什麼我偏偏是女生……」

除此之外，儘管詢問孩子們對於月經的想法或感覺時，也有些孩子沒有任何想法，但大部分都曾間接聽到或看到許多負面的一面，也因此對月經存有模糊的負面感覺，但月經並不是負面不好的東西。

有些男生有夢遺，有些沒有，並不是所有男生都有夢

遺的經驗，但月經不同，只要時間一到就會來。如果時候到了，初經卻沒有來，就需要到醫院檢查是否發育正常。

換句話說，透過月經能得知女性的健康狀態，也和懷孕的可能性直接相關。因此，月經不是應該感到麻煩、疼痛或痛苦的事，而是健康發育的訊號，父母最好讓孩子明白這點。不是以「月經來會痛，所以要有心理準備」的方式，而是親切地給予孩子指引，告訴孩子：「這是身體正在發送訊號，讓妳知道自己正逐漸成長為健康的女性，因此要用愉快的心情為自己驕傲，接受它的到來。」

別讓月經成為女兒的另一種限制

父母或大人們通常具有要女孩子注意身體的傾向。同樣是張開腿坐著，女生受到的指責比男生多；當女生在發育時，這種指責就更嚴重了。父母和大人們會不斷要求孩子小心，以符合（社會上定義的）女性標準，包括坐姿要端莊、避免穿得過於暴露、不要表現得太男孩子氣、情緒表達要有節制等。

當第二性徵出現，女生的胸部開始發育，月經也來了之後，大人們就會更加強調這類限制，要求女兒加強注意程度。在這種社會中，初經成了女生不能去做自己想做的事情的原因，也導致女生一個月一次必須受到比平時更多的行為限制，甚至身體已經不舒服了，也沒人說好聽的話。

我希望女兒們別把未來還要經歷約四十年的月經視為必須隱藏、必須羞恥的生理現象，希望她們能抬頭挺胸地面對多數女性都會經歷的月經，好好珍惜它。我希望女兒們不會因為月經而放棄自己想做的事，或因此有所遲疑。希望父母也能抱持這種心態並告訴孩子，月經是女性的朋友，並不是讓自己畫地自限的存在。

既然得面對，就帶著自信

　　月經教育最好在出現第二性徵之前進行，並在正面愉快的氣氛下告知明確的資訊。可以拆開衛生棉讓孩子摸摸看，將混合紅色顏料的水倒在上頭，讓孩子看衛生棉的吸收狀況，也可以讓孩子親自使用後分享感覺。

　　許多人認為月經排出的血是汙穢的，但並非如此。大家以為經血會有味道，是因為它的汙穢，其實是經血沾到衛生棉之後，接觸到空氣氧化造成的氣味，並非經血本身散發惡臭（倘若真是如此，可能是健康出了狀況，必須到醫院接受檢查）。經血含有胺基酸和鐵質等身體必須的成分，是非常好的，而不是汙穢且不必要的血。因為排出了身體必須的成分與血液，所以身體可能會感到不舒服並造成經痛，這時就要吃藥或讓腹部保暖，休息一下，症狀就會好轉。我們連孩子會不會有經痛都不曉得了，實在沒有必要事先嚇唬孩子「只要月經來就會很痛苦」。

無論父母以正面或負面的角度談論月經，只要發育正常，女兒的月經就會來。還有，人生中與月經共處的時間很長，既然如此，把它當成朋友般平心靜氣地接受，對身心健康都有益。最重要的是，希望對女兒們來說，月經不會成為女性非得承受的宿命、必須忍受的症狀。

㉘ 開「初經派對」好嗎？

「聽說有些家庭會替女兒舉辦初經派對，這對孩子來說是好的嗎？真的說要舉辦，但孩子的爸又很難為情，孩子的意願好像也不高，很讓我傷腦筋。」

　　這是一位撫養小學五年級女兒的母親提出的問題。她說女兒不久前來了月經，所以才報名課程，因為聽到媒體或身邊的媽媽們會舉辦初經派對，所以陷入了苦惱。在韓國，初經派對與夢遺派對曾流行一時。

初經派對是什麼？

　　在苦惱該不該舉辦初經派對之前，需要先檢視初經派對的意義是什麼。初經派對有個手足，就是夢遺派對，不久前某電視節目上就出現過舉辦夢遺派對的畫面。這個畫面在觀眾之間成了話題，原因就在於看似幸福洋溢的大人之間，身為主角的兒子卻滿臉驚慌。

　　初經派對與夢遺派對的意義，不在於大肆宣揚或要告訴某個人，而是展現尊重孩子成長為大人的一種態度，其中也包含了對孩子健康成長的感謝與祝賀之情。舉辦這種派對的出發點，來自於「不需要為初經與夢遺感到難為情或羞恥，

也不必扭捏隱藏，這是健康發育成大人的訊號，因此應給予祝賀」的意義。

初經派對要符合風格

舉辦初經派對時，應符合孩子與家庭的風格。最好的辦法，不就是直接詢問孩子該如何祝賀或傳達心意嗎？別忘了，與其參考別人家的做法，來決定舉辦派對的方式或規模，不如以孩子想要的方式，傳達祝賀之情的真心才是關鍵。

這裡所說的風格，包括了孩子的意願、平時家庭的氣氛、親子間的對話頻率、對話的深度、父母對性的認知等。有些孩子想在親朋好友面前炫耀自己在發育的事，想當面受到祝賀；但有些孩子覺得這是獨自珍藏的私生活。因此，尊重孩子的意願很重要。還有，假如平常家人之間很少對話，或者並未形成很深的親密感，舉辦初經派對反而可能比初經本身，更讓孩子驚慌失措與不自在。

說起派對，大家可能會覺得是要大張旗鼓地舉辦祝賀活動，但孩子和媽媽兩人單獨去買生理褲、到超市去購買衛生棉、到平常孩子喜歡的餐廳去舉辦女生的派對，或者月經來時去買喜歡的衣服等，都可以是派對的一種形式。如果是爸爸，也可以基於尊重孩子的出發點，把自己為改變行為所立下的決心寫成一封信，像是「先敲房門再進入」、「在家時

穿好衣服」、「以慎重的方式表現對女兒的愛」等。

準備衛生棉比初經派對更重要

　　想像使用衛生棉或從陰道排出經血的畫面，多少還是會不自在，所以需要提前教導孩子，讓孩子能事先做好準備。多講些正面的話固然很好，但也沒必要刻意隱藏孩子接下來要面對的情況，包括初經來了之後會感覺到坐立難安和不便等。把各種資訊都告訴孩子，當孩子感覺到不太對勁或遇到狀況時，也才會懂得求助。

　　最好把衛生棉的種類和尺寸、布衛生棉、月亮杯、衛生棉條等都告訴孩子，並分析每一種的優缺點給孩子聽。此外，也可以把在超市能買到的衛生棉或媽媽身上攜帶的衛生棉打開來，親自在上頭倒上水，告訴孩子衛生棉很快就能吸收經血，所以不必太過擔心。另外，當衛生棉發生外漏、皮膚感到搔癢或刺痛時該怎麼做，以及出現症狀的原因是什麼，也都最好告訴孩子。最令孩子擔心的事情其中一項就是經痛，因此可以告訴孩子止痛的藥物和熱敷方法。

㉙ 如何說服討厭穿內衣的孩子？

「孩子的胸部開始慢慢發育了。因為外觀上能慢慢看出來，所以我要孩子穿上胸罩，但孩子說穿起來很難呼吸，對胸罩很排斥。我擔心要是孩子不穿胸罩，之後在學校時會被其他男生盯著看。」

　　告訴女兒一定要穿上胸罩時，有些孩子會抗拒地說：「為什麼非穿不可？」「穿起來很不舒服，我不想穿」或「我受不了不能呼吸」。碰到這種狀況，要是能舉出充分的根據替孩子說明就好了，但很多父母不知道該怎麼說，況且也不能開門見山地說：「我怕你的胸部太明顯，別人會一直看。」

穿上胸罩之前，需要做好事前準備

　　重要的是，在孩子的胸部能從外觀看出來之前進行性教育。這是為了讓孩子明白未來會出現的身體變化，讓孩子有接受的時間。之後，可以和孩子一起到內衣專賣店去逛一逛，摸一摸材質。讓孩子愉快地接受身體變化的準備過程，意識到主體是自己。

　　假如孩子有喜歡的款式，就買來送給她當禮物，同時讓

孩子好好地收藏起來。如果不希望孩子的胸部開始發育時對於穿胸罩產生排斥，那麼最好讓孩子擁有選擇權。當孩子的胸部開始慢慢發育，就可以告訴孩子穿胸罩的方法，也要經常確認孩子有沒有不舒服的地方。假如對材質、形狀、大小或鬆緊度感到不舒服，就要帶著孩子到內衣店並重新購買更舒適的款式。

告訴孩子，這是為了保護胸部

假如孩子問為什麼非穿胸罩不可，父母應該怎麼回答才好？女人就非得穿胸罩嗎？女人必須穿胸罩的理由是什麼？事實上，胸罩並沒有非穿不可的理由，反倒有許多研究結果顯示，長期穿上胸罩對女性的乳房健康有害。甚至初次使用胸罩是在一九〇〇年初，而韓國女性是在一九五〇到六〇年代才開始穿戴，因此歷史並不是太長。不久前，曾有不穿胸罩的女明星自拍上傳到網路上或現身機場，因此鬧得沸沸揚揚。

穿不穿胸罩是個人的自由；這句話或許聽起來很不負責任，但以原則來看就是這樣。假如有某位不穿胸罩的女性在路上旁若無人地行走，而有人盯著她的胸部看，我們應該指責的不是不穿胸罩的女性，而是那個猛盯著女性的人。假如我們的孩子沒穿胸罩去學校，卻有人盯著她看或取笑她，這是不折不扣的暴力，我們一定要向孩子說明這部分。

儘管如此，我們要求孩子穿上胸罩，並不是因為怕有人會看，所以才要隱藏起來，更適切的理由是為了保護胸部。這部分才是最重要的。當孩子問起非得穿胸罩不可的理由時，最好回答：「這是為了保護正在發育的胸部」。當胸部在發育時，只要稍微碰到就可能會痛，如果胸部在發育期因強烈刺激而受傷，就可能無法正常發育。

　　在學校或補習班和朋友們打打鬧鬧時，不可能會考慮到要讓胸部正常發育而小心翼翼，因此只要向孩子說明，是為了讓胸部安全發育，所以才穿上胸罩保護它就行了。同時也要引導孩子，這麼做是為了愛惜自己的身體，也是學習如何自主保護自己的身體。

㉚ 我們家的孩子問什麼是婚前守貞？

「就讀小六的孩子問什麼是婚前守貞。站在父母的立場上，當然希望孩子能婚前守貞，但我能夠老實說出來嗎？」

最近不像從前會經常碰到關於婚前守貞的問題，不過偶爾也會碰到孩子提問。也有孩子是在宗教聚會上聽到、在書上看到，或者父母提起這件事，因而詢問那是什麼意思。

思考婚前守貞的確切標準是什麼？

所謂的婚前守貞，指的是婚前沒有任何性行為或肉體上的關係。那麼，性行為的範圍是到哪裡呢？這可能因人而異。

過去我曾遇見一位青少年，聊起了關於婚前守貞的話題。這個孩子說想遵守婚前守貞，同時又說唯有性器結合才叫做發生性行為，所以用手或嘴巴愛撫就不算。記得當初我聽了之後，頓時千頭萬緒。希望孩子能在婚前守貞的父母，聽到這番話之後會作何感想？你會這樣認為嗎？「孩子果然腦袋轉得很快。沒錯，因為必須遵守婚前守貞，所以即便用手或用嘴都沒關係，只要沒有插入的行為就行了。」想必很

難吧。就算性器沒有結合，但有更多人也會把結合以外的其他行為視為性行為，所以想必大部分的父母都會希望，即便是非插入行為也能越晚經歷越好。

婚前守貞包含的行為標準因人而異，因此，有必要思考訂定的標準為何。

婚前守貞是公平的嗎？

要求誰遵守婚前守貞極為關鍵。通常女人更常被要求婚前守貞，而且過去初夜時陰道冠（曾經被稱為處女膜）破裂時留下的血痕，甚至成了婚前守貞的證據。不然，也不會有「處女膜」這個名稱了。可能會有人笑說，現在誰還有這種想法啊？不過即便是在二十一世紀，在約旦、埃及和葉門等伊斯蘭教國家，當女性失去童貞後，仍會被指為使家族蒙羞，並以「榮譽殺人」之名處以死刑。

無論性別，只要訂立並遵守自己的婚前守貞標準就行了，不過思考社會上更常對誰要求婚前守貞，也是個關注的重點。

避免因他人的標準與判斷而萌生罪惡感

關於婚前守貞，另一個需要思考的點，是孩子基於父母的價值觀或宗教的教義而盡力遵守婚前守貞，可是卻不小心發生性行為時，就有可能產生莫大的罪惡感。

幾年前我曾輔導一位大學生，這孩子恰好是牧師的女兒，她的男友亦是立志成為牧師的神學院學生，兩人已經交往超過一年，也就自然地發生了性行為，但每一次她都深受罪惡感折磨，加上想到父母，便痛苦地開始自殘，最後跑來做心理諮商。這樣的罪惡感，也同樣折磨著她的男友，所以兩人甚至說好一個月不見面。但兩人就讀同一間學校，加上要修同一門課，所以就連這件事也沒辦法遵守，兩人還因此一度分手。可是到頭來兩人還是沒辦法分開，依然談著痛苦的戀愛。

　　來諮商的孩子迫切想遵守的是自己的婚前守貞標準、自己的決定嗎？不是。那個標準可能是父親的標準，是牧師的標準。連為什麼要婚前守貞都不懂，卻強迫自己遵守原則，結果卡在需求與原則之間進退兩難，為了無法遵守婚前守貞而以自殘懲罰自己。

重要的是制定自己的標準

　　相較於「婚前守貞」的概念與社會標準的重要性，更重要的是當事人制定什麼樣的標準。假如當事人想遵守婚前守貞，那就按照自己的意願去做，假如不想遵守婚前守貞，那就幫助孩子針對「何時、跟什麼樣的人、要進行什麼樣的性行為」等問題去做思考，建立自己的標準。

　　最重要的，還是無論做出什麼樣的選擇，都要讓孩子

懂得以自身標準做出選擇，對此負起責任。此外也要告訴孩子，要找到一個遵守其標準、能溝通的對象的重要性，以及沒必要為了他人而改變自己的標準或讓步。

㉛ 看到女兒寫情色文章，該怎麼辦才好？

> 「我在替就讀國中的女兒打掃房間時，偶然發現她在手冊上寫情色文章。因為內容實在太露骨了，所以我嚇到了，但不知道該怎麼跟孩子說。確認電腦的瀏覽紀錄，女兒好像也讀過相關文章。我該怎麼做才好呢？」

本以為女兒還小不懂事，沒想到卻在寫充滿情色內容的文章，這件事可能令父母大驚失色。

先從鄭重地要求對話開始

碰到這種情況時，需要先整理思緒和情緒，再和孩子對話。對話前，父母的第一要務是「整理好想法和情緒」。光是知道孩子會使用就連身為大人的父母都不會使用的措辭，就已經夠令人膽顫心驚的了，如果這時毫不保留地把情緒傳達給孩子，沒有任何好處。

首先要懷著真心對自己擅自看孩子寫的文章道歉。雖然是在打掃時偶然看到的，但站在孩子的立場上並不希望父母看到，所以最好先針對此向孩子道歉。之後，再表示媽媽（或爸爸）有些嚇到，想知道她是以什麼心情寫下文章，鄭

重地詢問孩子能不能聊一聊。

　　對話時，孩子可能會不知所措，也可能會對爸媽擅自看自己的東西而生氣，又或者害怕挨罵而畏畏縮縮。談到與性相關的話題時，重要的是不要把孩子逼到牆角，或讓孩子感到恐懼，引發負面感受。因此，父母最好抱持想真心和孩子對話的姿態，而不是教訓或嘮叨孩子。

掌握孩子的意圖

　　最好先把發言權交給孩子。不管是與性相關的主題或各種話題，都不應該在中途打斷孩子說話，試圖教導、指責或評論孩子。包括孩子寫這篇文章的契機是什麼、是否有其他用途、有沒有人知道這篇文章等，能對話的主題很多，但父母不該像是在審問犯人般咄咄逼人。父母想必也為孩子所寫的情色文章驚慌失措，也很苦惱該怎麼提起這個話題。不過，這個情況可能會讓孩子非常不自在，因此要注意避免孩子產生負面反應。接下來，如果已經掌握孩子的寫作意圖，就問問孩子對這篇文章的感覺和想法，聽孩子怎麼說。

提出讓孩子自行思考的問題

　　聽完孩子的說法後，父母可以全然接受孩子的想法和感覺，但仍必須提出自己擔憂的部分，以及孩子必須思考的問題。接受孩子的想法與認同孩子的想法正確是兩碼子事，因

此沒有必要堅持己見，認為父母的想法才是對的，孩子的想法就是錯的，為此和孩子展開拉鋸戰。父母該擔心的，是孩子帶著扭曲的性價值觀，把錯誤的「性」信以為真，以致無法享受健康的性。因此，要針對這部分好好向孩子說明。

相較於現實中的性、往後會經歷的性，在情色文章中多半出現的是扭曲的性、非現實的性，因此父母必須點出這部分。還有一點，是要告訴孩子「把某人視為性幻想對象」是錯誤的。讓某人以「性」的用途出現在文章中，是很不尊重人的行為。包括寫文章的人，還有閱讀文章的人，都不是把該對象視為一個人來尊重，而僅是用來消除對性的好奇心，因此最好讓孩子自行思考這個問題。對話結束後，也要給孩子思考的時間，等過一段時間之後再對話。

㉜ 女兒很喜歡抱著爸爸睡覺，這樣好嗎？

「我是小六生的媽媽。因為女兒要比同年齡的朋友瘦小，所以到現在還沒穿胸罩，初經也還沒來。不過，孩子很快就會出現第二性徵了，但她到現在還是很喜歡睡在爸爸、媽媽之間，尤其特別喜歡爸爸。因為從小到大都是這樣，所以老公好像也沒想太多，但我覺得有點不自在。是我太敏感了嗎？」

在為父母上課時，關於第二性徵即將到來，孩子的行為舉止卻依然我行我素的問題，必定會出現一次以上。

先教育爸爸

如果沒有從小訓練孩子跟父母分開睡，就會碰到這種問題。開始出現第二性徵時，有些孩子會自行和家人保持距離，但也有不少孩子不把身體變化當回事，依舊和父母同床，或者洗完澡後光著身子走動。如果是上述的情況，媽媽的感覺是對的。在必須分開與保持距離的關係中，卻沒有這麼做，在看的人眼中可能會產生不舒服的情緒。儘管要在孩子幾歲時分開睡覺並沒有正確答案，但假如有其中一個家人不舒服，那麼認定「這個情況不對勁」的感覺才是對的。

如果是全家人之間缺乏界線，則應該由父母先學習與思考。舉例來說，若是女兒和爸爸之間缺乏界線，那麼教育女兒之前，應該優先教育爸爸；爸爸必須先了解替女兒建立界線並給予尊重的重要性。女兒出生之後，爸爸很可能就是第一個與女兒建立關係的男性，因此，根據爸爸的做法，女兒的戀愛模式會發生改變，看男人的眼光也會不同。

爸爸應該替女兒做的事

假如爸爸沒有先替女兒建立界線，那麼女兒就無法建立自己的界線，而且當有人侵犯時，就可能誤以為是愛。界線是人類維持健康關係時，至少要保持的距離。為了替珍貴的女兒建立界線，爸爸應該要盡全力尊重孩子，幫助孩子建立並守護界線。

爸爸們經常會開這樣的玩笑：「除了爸爸之外，其他男人都不要相信！」你可能會覺得這句話充滿了爸爸的真心，但這種說法是錯誤的。假如爸爸能帶給孩子信賴感，孩子就會知道什麼是真正的信賴，並加以區分，但假如爸爸沒辦法守護孩子，孩子就會難以區分什麼是愛，什麼又是侵犯。如果希望孩子能受到其他男人、其他人的尊重，而不會任意地被侵犯，爸爸就要先替孩子守護適當的界線。

好好對孩子說明很重要

原本愛女成痴的爸爸，某天卻突然保持距離，還說要分開睡，孩子說不定會傷心地哭泣，甚至造成心理創傷，在孩子的內心生根。因此，在孩子面前談論規則，或者父母採取某個行動之前，一定要替孩子說明。

第一是要向孩子解釋，主臥室是爸爸、媽媽睡覺的房間，而且因為兩人是夫妻，所以獨處的時間非常重要，請孩子尊重爸爸、媽媽相處的空間和時間。

第二是明確地告訴孩子，第二性徵馬上就會出現，而她也會慢慢地長成健康的大人，所以爸爸和媽媽都不能隨便觸碰她了。最好告訴孩子，因為她已經不再是小孩子，而是青少年、完整的個體，爸爸、媽媽希望能尊重她，所以才要保持距離。父母必須好好傳達保持距離並分開睡這件事，並不是因為討厭孩子，而是出於愛與珍惜，才選擇尊重孩子。

33 孩子開始談戀愛了，該告訴她哪些事呢？

「就讀國中的女兒開始談戀愛了。雖然現在她表現得若無其事，但似乎都只是說些表面話而已。關於孩子談戀愛，身為父母的我們應該說什麼才好呢？」

一旦孩子開始談戀愛，許多父母就會開始感到擔憂與不安，甚至希望孩子越晚談戀愛越好。

整理對孩子談戀愛的想法

和孩子討論談戀愛的話題之前，要先整理好自己的想法。父母有必要先思考自己平時是如何看待孩子談戀愛，以及幾歲適合開始談戀愛等。

和孩子對話時，可以聊孩子為什麼決定談戀愛、喜歡對方的原因、想要怎麼約會，還有談戀愛時必定要遵守的規則等。父母的標準固然重要，但假如孩子已經開始談戀愛了，也不能在這節骨眼上勸阻。因此掌握孩子對戀愛的準備程度、概念與計畫，或許才是身為父母的第一要務。因為一旦掌握了，萬一孩子發生什麼問題，就能快速地介入。還有，假如在對話時發現哪個環節出了差錯，或者標準不明確，覺

得孩子好像被牽著走，那就要透過對話幫助孩子建立標準，讓孩子得以談一場健康的戀愛。

戀愛已經談了，就以關心取代反對

假如孩子已經開始談戀愛，那麼從該關係中衍生的眾多情緒和情況，就是孩子應該處理的問題。這也代表，至少關於戀愛的部分，必須由孩子自行做出選擇，對此負起責任。但即便如此，父母也不能漠不關心或袖手旁觀（雖然的確有這種父母）。父母必須關心孩子的戀愛，不斷地與孩子對話。雖然可能會有許多擔憂、不安，也會覺得不高興，但既然孩子已經開始談戀愛了，就以關心取代反對吧。

假如從頭到尾只會反對，孩子們並不會因此放棄戀愛，而是會對父母說謊，欺騙父母，不想分享自己的私生活，而這就會成為信賴破裂的起點。在孩子的成長過程中，父母與子女間的信賴是極為重要的要素。我曾看過太多雖然愛著彼此，卻無法信賴對方，也因為缺乏信賴，以致孩子暴露在險境時，不敢貿然向父母伸手求助的例子。如果希望孩子在迫切需要幫助的瞬間，能毫不遲疑地向父母求助，信賴即是關鍵因素。要讓孩子知道，儘管自己談戀愛會讓爸媽擔心與不安，但如果面臨危險時，爸媽一定會站在自己這邊。

當進入青春期的孩子開始談戀愛，父母應該盡量和孩子對話，關心孩子的戀愛狀況，避免與孩子的衝突變成日常。

關鍵就在於打造氣氛，讓孩子在說起戀愛的話題時，不會感到不自在或有壓力。聽孩子說得越多，也就累積越多關於孩子的資訊。別忘了，有了這些資訊，父母也才能保護孩子。

一定要教性教育

　　青春期談戀愛久了，可能會在尚未做好準備的狀態下發生意想不到的性行為。不只是性行為，只要缺少與戀愛或界線的相關標準，就無法預測孩子們的戀愛會朝什麼方向發展，因此知道孩子談戀愛時，一定要替孩子上性教育。

　　除了透過性教育理解身體，學習性行為、懷孕、生育、避孕的相關知識，透過訂立自己對戀愛的定義與標準、制定戀愛計畫、戀愛時絕對不能讓步的部分、立下約定等，確立以自身價值觀為根據的標準，才不會輕易被動搖。

㉞ 孩子懷孕了，該怎麼辦才好？

「就讀高一的孩子懷孕了，雖然沒有說得很詳細，但我的眼前頓時一片發黑。我該怎麼解決才好？」

根據統計廳的資料，二〇一九年十九歲以下的小媽媽有 11,106 名。養育孩子的過程中，最不希望發生的其中一件事，就是不在計畫中的懷孕，但十幾歲青少年懷孕的案例卻時有所聞。

讓孩子安心

當電視劇或電影中的父母得知孩子懷孕的事實時，大部分都會出現大呼小叫、狠打孩子，或者邊落淚邊嘆息的畫面，而實際上發生十幾歲的孩子懷孕的情況時，父母的反應只會有過之無不及。

輔導未婚媽媽時，最令我沉痛的，莫過於有許多孩子是遭受家人冷落或拒絕。有些孩子不敢將懷孕的事實告訴父母，於是隱瞞到紙終於包不住火，最後在即將臨盆時離家出走。有些孩子把懷孕的事實告訴父母之後，隨即招來一頓毒打，接著被逐出家門，在街頭流落了好幾天，最後來到安置

164

機構。還有孩子告知懷孕事實之後，全家人斷絕往來，因此無法和家人聯繫。因為能預想到會發生什麼情況，所以孩子們就算懷孕了，也無法輕易向父母據實以告。

首先，得知孩子懷孕的事實之後，最重要的是讓孩子安心。希望父母能先跟孩子說：「謝謝你相信爸爸、媽媽，願意跟我們說。」假如是孩子刻意隱藏卻被發現，那麼說一句「幸好現在知道了」，或許能讓孩子稍微安下心來。要面對這個情況雖不容易，但仍希望各位父母謹記在心，經歷懷孕的過程中，受到最大驚嚇的永遠都是身為當事人的孩子。

必須讓孩子相信，無論孩子面臨何種情況或做出什麼選擇，家人永遠都會陪伴在她身旁。唯有如此，父母與孩子才能深思熟慮地做出不後悔的選擇。

確認情況

得知孩子懷孕事實之後，若是處理得當，接下來就該盡快確認孩子的健康狀況，像是懷孕幾週、這段時間如何管理身體、有沒有缺少什麼或需要介入的狀況等，最好是陪孩子到醫院去確認一下，並採取必要措施。

下一步則是確認狀況。包括孩子的爸爸是誰、是否知情、過去兩人說過哪些話等，如果孩子的爸爸知情，也願意面對，那就必須和對方見面，聽聽孩子們的意見，了解他們是怎麼想的，還有打算如何解決。如果孩子的爸爸與他的父

母展現積極的態度，那還算是慶幸，但假如不是這樣，就有必要主動請求他們介入狀況，共同解決問題。不過，假如女兒不希望對方知道，那就需要針對此部分充分溝通，評估怎麼做才是為了孩子好，再做出選擇。

尋找最理想的方向

　　站在父母的立場上，當然會希望這件事最好沒發生過，但想法可能會和懷孕的孩子不同。碰到這種時候，就需要了解孩子想追求的方向，以及把如果照這樣去做時，往後需要承受的事情、現實的建議都一五一十地告訴孩子。所以，父母要在一旁給予力量，培養孩子的務實態度，讓孩子無論做出什麼決定，都有把握能自行負起責任、承擔後果。

　　對父母來說，孩子無預期地懷孕的消息確實有如晴天霹靂，但為了已經發生的事情後悔莫及或斥責孩子，都無助於解決問題。因此，父母要從旁協助孩子正視現實，不要逃避自己的行為或依賴他人，讓孩子自行負起責任、承擔後果。無論是在此過程中或往後的人生，都要讓孩子牢牢抓住爸爸、媽媽會陪伴在自己身旁的信念。

　　倘若父母無法幫助孩子，或者孩子的情況需要多方面的協助，向相關機構求助或許會是個好方法。

35 我們家的孩子問「性」是什麼？

「就讀小六的孩子問『性』是什麼，跟她解釋說是兩個相愛的人抱在一起的行為，結果孩子說自己也很愛媽媽，也想和媽媽做。但這兩件事完全不一樣，我卻還沒準備好要向孩子如何說明，非常不知所措。」

這是某次接到諮詢電話後，先替父母進行諮商，又替孩子進行個人教育的案例。當孩子問起「性」是什麼時，想必父母的腦中最先浮現的想法會是「這是從哪裡聽來的？我該怎麼回答才好？」

思考父母認定的性行為

就算孩子不懂，父母也不替孩子進行性教育，盡可能的避而不談，但如今使用數位裝置的機會大增，在現實與網路的界線模糊的社會中，就算不是在現實生活，孩子也隨時都能接觸到與性相關的用語或各種情況。當孩子問起性行為或「性」是什麼時，父母的首要之務是思考自己如何看待性行為與性。

如果能在孩子發問之前、自己成為父母之前，又或者再貪心一點，在長大成人的過程中就制定屬於自己的定義和標

準，那的確是再好不過，不過以目前父母的年齡層來看，可能多數都沒想過這個問題。有可能不是因為性行為或「性」是讓人難為情或低俗的字眼，而是因為父母沒有深入想過這些字眼，所以才不知道該怎麼說，一時慌了手腳或不快。

重新設定對性行為、對「性」的理解和模式

　　為了替孩子詳細說明，父母有必要重新理解性行為與性；為此，必須點出兩件事。

1. 必須要清楚知道「性」的涵義才能替孩子解釋

　　「性」是什麼？雖然多數人都認為「Sex」就是「性行為」，但事實上，使用得更廣泛的意思是指生理「性別」。假如護照就在你手邊，請趕快拿出來看一看，你就會發現「性別」的項目旁邊寫的是「Sex」這個單字。在護照上，沒有人會把自己發生性行為與否寫上去。在英語系的國家，「Sex」是文件或日常生活中經常會使用的字眼。如果能向孩子解釋到這，就等於接近成功了。

2. 進行性行為是為了什麼？

　　「Sex」的第二個意思是「性行為」。許多父母至今仍把性行為解釋為「為了有孩子而發生的行為」，可是在二十一世紀的現今，只把孕育下一代看成是性行為的目的，似乎

並不怎麼貼切。與其說這個說法錯誤，不如說一旦這麼解釋，未來要替長大成人的孩子額外解釋性行為時，就必須把纏繞在一起的線頭解開才行，因此會更加棘手。

如果是像過去的農耕社會，子女就等於財產，想必媽媽的一生多半會用在生孩子上，但最近的家庭平均就只生一兩個，也有不少夫妻乾脆不生。因此，只要仔細想想，就可以發現與其說性行為是為了懷孕，有更多時候其實是為了表達愛意、維持關係、應盡的義務和獲得性快感。

在我們締結的各種關係中，都有能做與不能做的事，而在父母與子女之間的表達方式中並不包含性行為，這是屬於戀人或夫妻間的表達方式。性行為是深愛的人之間表達愛意時最強大的方法，是彼此需要做許多準備、對話、獨處時才能進行的美好私密行為。而寶寶，就是在發生性行為後誕生的生命體，是深受祝福的新生命。

也就是說，性行為是兩人之間表達愛意的方法，但伴隨著的是懷孕的可能性。因此，父母需要先有所認知「性行為是身體發育完全，有了心愛的對象後，無論和那人發生任何事情都能負起責任，且兩人都具備相關知識，也做好準備之後才能做的行為」，並以此為基礎教導孩子。

要以正面但慎重的態度收尾

「爸爸、媽媽會發生性行為嗎？」當我詢問多數以為性行為的目的只是為了懷孕的孩子們時，他們會回答：「不會！」但按照上面的脈絡說明時，孩子們會回答：「爸爸、媽媽是夫妻，兩人彼此相愛，所以應該會吧！」

若是過度包裝性，要向孩子解釋時就會越頭疼。還有「性」隨時都在我們的日常生活中，因此直白地說明無疑是最好的做法。

說明完畢，化解孩子的好奇心之後，就需要掌握並介入孩子接觸性或性行為等字眼的情境，像是問孩子：「不過，你是從哪裡聽到這個字眼？」就我做諮商的經驗，孩子們最常在玩遊戲與上網接觸到與性相關的字眼，再者則是從朋友或同儕的口中聽到。

特別是女孩子（無論本人有沒有意識到），多半是從捉弄自己的對象、發生性行為的對象口中得知相關字眼或情境。因此，父母要特別注意，先掌握是誰在何種情況，為什麼使用這個字眼，當時孩子的心情如何，還有當下如何回應，如果想改善情況，最好就要加以介入。還有，假如之後又發生同樣的情況，要讓孩子懂得依照父母的教導去說明，理直氣壯地做出回應，也要告訴孩子，在那種情況下爭論是絕對有必要。

性行為、性都不是負面字眼，問題是出在我們看待這些

字眼的視角，還有將大人的視角直接套用在孩子身上。

　　因此，假如孩子對性產生好奇，只要以慎重、正面但明確的態度談論就行了。

第四章

性暴力，
無人能例外

36 在幼兒園時，大家脫掉內褲玩耍

「六歲的孩子說自己在幼兒園時，跟男朋友脫掉內褲在玩耍。我實在是太震驚了，但看到孩子說話時露出天真無邪的笑容，我感到好錯亂，不知道孩子是否遭受性暴力，又該如何回應才好。」

在幼兒園時會發生各式各樣的事情，最近就報導了許多跟性舉動有關的案例。因為這時孩子們的年齡都還很小，處理時會碰到許多模糊地帶，所以多數父母都會感到混亂。

孩子們為什麼會玩這種遊戲？

孩子們的這種行為叫做「性遊戲」。四到六歲左右的孩子們會對自己的身體產生興趣，並經歷透過觀察、觸摸來了解身體的發育過程，因此有時也會自慰。此外，孩子也會對其他人的身體產生興趣，特別是形成性別認同的概念之後，孩子會知道男生和女生的不同之處。所以看到異性朋友去小便時，就會跟過去盯著看，也會在玩醫院遊戲時要患者脫掉衣服，或者和朋友玩扮家家酒時，摟抱著對方躺著。

碰到這種情況，要記住孩子只是單純當成遊戲在玩，

並非大人們想的那樣，是帶著「性」的意圖做出的行動。這時，父母應該先經歷幾個階段，再自然而然地介入孩子們的行為。

第一階段：整頓情緒

聽到孩子說自己在幼兒園和男生脫掉內褲在玩耍時，父母當下都會因為太過震驚，所以不自覺地瞪大眼睛、拉高音量問孩子：「為什麼？怎麼會玩這種遊戲？」這時，爸爸或媽媽的表情和高分貝音量，會讓孩子意識到自己做錯了事。孩子會認為爸爸、媽媽是因為自己和朋友玩耍才生氣，因而無法思考。

在這種情況下，孩子能做的就只有誇張地露出開朗的表情，說沒發生什麼，或者觀察媽媽的情緒。如此一來就很難準確掌握情況，要解決問題也就相形困難。因此，假如並不是碰到孩子受傷的緊急狀況，那就先整頓好情緒後再跟孩子對話。

第二階段：觀察孩子的反應

等到自己能冷靜跟孩子對話時，就要請孩子說明情況，並詢問孩子的心情。如果情況不明確，不曉得該如何應對的話，那麼孩子之間是否屬於性暴力或性遊戲，則以孩子的反應作為判斷基準（性暴力會侵害性自主權，因此受害者的感

受、如何看待該情況就成了重要基準）。

假如孩子在描述與朋友玩耍時透露出負面情緒，那就有必要多聽細節。父母需要詢問孩子，為什麼會玩起那種遊戲，是否孩子也想和對方玩。假如孩子的心情非常惡劣，不斷地回想起當時的情況，那就要從暴力的角度視之。不過，假如孩子若無其事地說是在玩耍，很快就忘了這回事，則應視為孩子不懂遊戲規則，並就此給予指導。

另外再補充一點，儘管孩子如何看待這件事是決定如何介入的關鍵要素，但做出判斷時，也需要多方面確認幼兒園老師及對方孩子的觀點等。

第三階段：根據孩子的反應去理解情況並做出應對

在這種情況下，父母和老師做出何種反應，還有如何解決會對孩子們造成莫大的影響。

當孩子自己並不認為是性暴力，父母或老師卻當成性暴力事件處理時，孩子就必須承擔比自己的主觀經驗更多的後果，同時一輩子成為性暴力的受害者。這並不是說性暴力受害者不好，而是以「受害者」之姿生活必然會有辛苦之處。若孩子自己不認為是性暴力時，有可能是因為缺乏判斷力，所以無法意識到這是暴力，所以需要有段觀察期。有時會碰到孩子過了幾週或幾個月後再次想起並感到痛苦的情況，因此最好先觀察一陣子，看是否出現有意義的訊號。

相反的，假如孩子表現出強烈的不快，父母或老師卻說「是因為他喜歡你，想要跟你一起玩」或認為和朋友玩耍時難免會這樣，孩子就會感覺到身處危險時，就連最相信的人也不肯出手幫助。實際上，不分任何年齡，性暴力受害者最大的創傷，就是家人或自己相信的人不認同自己遭受暴力的時候。

第四階段：積極介入

觀察孩子的反應和狀況，決定如何應對後，接下來就要積極處理。

假如判斷孩子只是在玩耍，那就必須再次告知遊戲規則。父母需要告訴孩子脫掉衣服是只有真正去醫院時才會做出的行為，遊戲時不該脫掉衣服；還有玩遊戲時，不該觸碰或看彼此身體的某些部位等，提醒孩子該遵守的規則。還有，這時孩子會對自己和朋友的身體產生很大興趣，因此提前進行性教育將有助於預防情況反覆發生。

相反的，假如判斷孩子是遭受性暴力，最好先聽聽孩子想要如何解決，並盡可能依照孩子希望的方向去執行。假如孩子們的年齡較大，而且怎麼看都覺得是好幾次故意且單方面這麼做，那就必須同時考慮採取法律途徑。不過，如果是發生在幼兒之間的情況，與其以法律處罰行為人，更好的做法是教育孩子們不要再做出相同行為。

為了達到良好的訓育效果，必須和對方孩子的父母面對面討論、對話，假如是發生性暴力，則必須與心理治療並行。這時許多父母會忽略的是「父母的心理治療」。當孩子發生什麼事時，父母會不惜一切，想盡辦法讓孩子恢復，卻很容易忽略自身的心理狀態，最後才發現自己無法擺脫那份記憶，導致孩子的恢復情況受到阻礙或令孩子更痛苦。

　　把孩子看得比性命更重要的父母來說，當孩子發生不好的經驗時，父母的痛苦程度可能更甚於孩子的實際感受。因此，為了恢復父母與孩子的身心狀態，建議雙方都要接受心理治療。語言治療的效果對孩子來說有限，因此透過遊戲治療、美術治療、音樂治療等媒介的心理治療，效果更佳。

萬一是我的孩子率先提議要玩遊戲

　　萬一是我的孩子率先提議要玩遊戲，那父母感受到的可能就不只是驚慌失措了。在這種情況下，父母的目標不是訓斥孩子，而是要避免孩子再次做出該行為。因此，重要的是訓育孩子，讓孩子知道遊戲時哪些事能做，那些事不能做，並好好遵守規則。

　　此外也要告訴孩子，就像自己的身體不能隨便給別人看或觸摸一樣，自己也不能隨便觸摸或看朋友的身體。父母需要耐心等待孩子，讓孩子知道自己哪裡做錯了，並給孩子向朋友道歉的勇氣，讓孩子擁有真心道歉與獲得原諒的機會。

㊲ 男同學在教室 開有關「性」的玩笑

「就讀小學四年級的女兒說，學校的男同學拿性、太監等字眼來開玩笑，所以心情很差。這時我該告訴孩子怎麼應對呢？」

　　去上小班制性教育課程時，曾聽到有位家長說，四年級的孩子原本不知道同班男生開的是性玩笑，後來透過其他朋友知道意思之後，就一直感到不快與羞恥。孩子回到家之後說不知道自己該怎麼做，非常討厭那些男生拿性來開玩笑，但不知道該怎麼說，而父母也不知道如何是好，所以就含糊帶過了。

告知暴力與開玩笑的界線

　　即便只是小學高年級，孩子們也能透過媒體接觸到許多資訊，因此會頑皮地開起與性有關的玩笑，也導致在學校或補習班時，有些孩子在非自願的情況下聽到同儕開的性玩笑。碰到這種時候，雖然孩子回家後會表示聽了心情很差，不想聽到這些性玩笑，但父母多半不知道該做如何應對，為此大傷腦筋。

這時，可以讓孩子試著思考玩笑話與暴力的界線。我們要明確地告訴孩子，玩笑話必須是所有人都覺得有趣才行，假使其中有任何人不舒服或厭惡，它就不再只是玩笑話。只要站在孩子的角度，思考孩子是把它當成玩笑話，或者自己也跟著笑得很開心，就能輕易地判斷那是玩笑話或暴力。另外也要告訴孩子，即使剛開始可能只是開玩笑，但如果中途有人對這種言語或行為感到不快，就必須立刻停止。假如對方已經表示拒絕，卻沒有停止該行為，就可能形成暴力。

為孩子的權利賦予正當性

　　對朋友們的玩笑感到不快時，任何人都有要求停止的權利。還有，當某人明確地要求停止時，將會對於改變氣氛帶來莫大影響；我們必須讓女兒知道自己有那樣的權利。聽到孩子要求其他人停止開玩笑後，父母或老師可以給予正面回饋，告訴孩子做得很好，這樣做是理所當然的。有了這樣的經驗，孩子就能成長為勇於發聲的人。

　　在韓國社會，女性要積極表達同意或明確表示拒絕依然不容易。這是因為，即便我們如何告訴女兒，要當個有自信、勇於發聲且與他人平等的存在，但學校或社會依然存有性別的界線。要是我們坐視不管，孩子說不定會成為不敢主張自身權利、喜惡也不敢如實表現出來的女性。

　　因此，包含父母在內的大人們要多花點心思，讓孩子能

坦率地表現情緒，面對喜歡的人事物時能積極表示同意，面對討厭的事物時則能明確表達拒絕。最重要的，是明確告訴孩子，當自己認為不當或不快時，都有做出反應的權利，這絕對不是錯誤的，反而是理所當然的。

向班導師請求協助

我曾經看過有孩子回家後說起學校發生的事情，結果父母不由分說地就打電話向老師追究，也有的父母會勸導孩子諒解，採取息事寧人的態度。

不過，此時有兩件事很重要：第一是給予共鳴，第二是提供解決方案。先讓孩子具備判斷情況並自行應對的能力，接著就需要和學校班導師攜手合作。只不過，如果像是要問責似的，打電話吐露不滿或要求老師教訓另外一個孩子，都不是很好的做法。和班導師攜手合作的意思，是請求老師作為一整天和孩子們相處的大人，多留意孩子們的對話，以大人的眼光看顧他們。如果有孩子做出不當言行時，請老師適時與孩子們溝通，讓他們知道這樣做為什麼不對。還有，如果想避免班上有人開不恰當的性玩笑時，大家又應該做出什麼努力。

即便是班導師，也不可能知道孩子之間發生的所有事情，因此假如父母知情，就必須隨時和老師討論與合作。

非洲有句話說：「想要扶養一個孩子，需要全村人的努力。」而青春期的孩子也一樣需要所有人的協助。

㊳ 孩子好像遭受性暴力了

「就讀小六的孩子好像遭到了性暴力。我該如何確認，還有，假如孩子真的碰上了那種事，我又該如何應對呢？」

　　孩子碰到性暴力事件，絕對是父母不願想像的事。雖然心中盼望絕對不要發生這種事，但就像人生中總會碰到自己不想面對的情況，例如成為車禍的受害者，性暴力事件也會驟然降臨。

從理解性暴力開始

　　為了了解孩子發生什麼情況、暴露在何種暴力之中，以及適當的應對方法為何，必須準確地知道孩子遭遇什麼事件。性暴力包括性騷擾、性猥褻、性侵，以及最近時有所聞的數位性犯罪與約會性暴力。

　　數位性犯罪沒有直接接觸，所以可能不會有身體上的徵兆。除此之外的性騷擾、性猥褻、性侵則會伴隨受害的徵兆，因此必須檢視孩子的身心狀態。尤其是孩子成為受害者時，多半都有循序漸進的過程，因此可能不會有任何引人注目的特徵，也有許多孩子沒有意識到自己受害，導致確認事

實相對困難。因此,重要的是要經常和孩子對話,平時多關心孩子。

確認孩子的受害事實

當孩子遭受性暴力時,可能會比平時更敏感或容易受到驚嚇。孩子會開始有所隱瞞,容易煩躁,提到戀愛或性相關話題時,也可能反應要比平時更激烈。又或者,孩子可能看起來若無其事,反而要比平時更開朗,沒有任何異狀。發現孩子不太一樣時,父母可能會察覺「好像哪裡怪怪的」,但因為孩子表現得若無其事,所以後來得知孩子受害時,父母就可能會更傷心地逼問孩子。不過,即便遭受性暴力,也不是所有人都會出現符合受害者的任何特徵。

如果能直接檢查孩子的身體,就可能發現孩子在清潔性器官時會有逃避動作,或者覺得刺痛,因此這部分也需要觀察。就算不是性器官,假如發現孩子的內褲上沾上了比平常更多的分泌物,或有與平時不同之處,同時又能與孩子的心理狀態做連結的話,就需要考慮到性暴力受害的可能性,進行觀察。假如孩子的年紀還很小,就有可能出現吸吮指頭、尿床、若無其事地做出類似性交(或口交)的舉動或自慰行為。

掌握某些特徵後，向孩子確認

詢問孩子之前，父母要先做好心理建設，無論孩子說出什麼話，都要避免做出情緒化的反應。確認孩子確實受害時，大部分父母都會在孩子面前表露出情緒失控的一面，但這時孩子感受到的不安或罪惡感，都是往後難以挽回的，因此必須格外留意。此外，傷心地抓著孩子痛哭，或者質問孩子為什麼不早說，都是絕對禁止的行為。當監護人展現出這種態度，不僅會使孩子覺得自己彷彿獨自被逼到懸崖邊，也可能導致孩子認為遭受性暴力都是自己的錯。

聽完孩子的話後，就這樣對孩子說吧：「過去這段時間你一定很痛苦，謝謝你願意在這時說出來。」對於被逼著獨自承受痛苦的孩子來說，父母的共鳴與安慰能使孩子安下心，並帶來莫大的力量。最重要的是明確告訴孩子，這件事百分之百是加害者的錯，還有無論發生任何事，父母都會保護孩子，聽從孩子希望的做法給予協助。

如何尋找解決方法

近年來，被納為性暴力的行為不勝枚舉，尤其是當兒童或青少年受害時，相關法律制裁也獲得強化，因此無論是在何種情況下，只要孩子成了受害者，就需要積極處理。

處理性暴力事件時，最重要的即是蒐集證據。大部分情況都需要有證據才能給予法律制裁，即使受到了委屈，但如

果缺乏證據，也可能很難舉發為性暴力事件。想知道哪些能成為有意義的證據，又該以何種方法找到證據，最好接受法律專業人士的協助。建議先求助於性暴力諮商所等相關機構（參見第 72 頁），接受諮商師的協助尤佳。專家不僅能幫助解決事件，當孩子受到身體傷害時，也能提供醫療支援的管道。

接受心理治療

心理治療是專門機構提供支援的項目之一。專業的諮商師會以遊戲治療、美術治療、音樂治療等各種方法幫助孩子，因此效果很好。

在此要記得一件事，就是「不只有孩子的心理狀態需要照顧」。孩子發生什麼事，也會對父母造成極大的心理創傷，而這又會持續在日常中對孩子造成影響，因此不只是孩子，父母也要一起接受心理治療。唯有如此，父母的心理創傷才能被治癒，也才有力量協助治癒孩子。

孩子遭遇性暴力事件既不是父母的錯，也不是孩子的錯。這樣的事誰都不願意見到，它就像交通事故一樣會偶然或冷不防地發生。因此，無論是父母或孩子都不該自責，而是應該集中心力於「盡早恢復」。性暴力也是一種暴力，如同受傷就要接受治療，擦藥才能讓傷口癒合，性暴力也需要同樣的過程。

39 孩子在社群網站上 和男生互開「性」的玩笑

「就讀國一的女兒在社群網站上和某個男生互開性玩笑，我實在太震驚了，但不曉得該怎麼開口。」

在新型冠狀病毒（Covid-19）的肆虐下，孩子們在家的時間增加，無論是課業、遊戲或人際關係，都是靠網路來解決，與性相關的網路事件也自然跟著增加。孩子透過網路消除對性的好奇心、做出性相關行為的情況時有所聞，也加深了父母的煩惱。

父母先解釋自己如何得知

首先要檢視的，是父母如何得知孩子在社交網站上有性相關的對話。孩子在社群網站上和男生互開性玩笑，這件事必然讓父母飽受衝擊。儘管如此，之所以無法建議父母立刻介入，是因為在此涉及了對話時能否守護與孩子之間的信賴，又或者一旦信賴破裂，對話是否也會跟著中斷的重要問題。根據如何提起這件事，解決過程的難易度也會跟著改變。

假如是在孩子離開座位時，偶然在電腦畫面上看到，

那麼要開口就會容易許多，因為至少爸媽不是在暗地裡翻找紀錄。不過，假如是孩子就寢或不在場時，爸媽偷拿孩子的手機，進而得知對話內容，就要先針對這部分向孩子道歉。「最近新聞上經常報導，說孩子實際碰到危險時，卻不敢向爸媽求助。爸爸、媽媽很擔心你，想說確認一下，才會看到那些訊息。真的很抱歉，沒有經過同意就動用你的東西，不過爸爸、媽媽是你的監護人，所以沒辦法對這件事視而不見。沒有經過允許就看你的手機，爸爸、媽媽再次真心地跟你道歉，不過希望你能誠實地交代這件事。」先說出理由，向孩子道歉，再提出期望的方向即可。唯有先經過這個階段，接下來雙方才能坦率地對話。

根據情況適當介入

說明情況之後，就要詢問孩子是如何透過社群網站結交朋友，又是從什麼時候開始聊跟性有關的話題。孩子可能沒有任何想法，單純是出自好奇心，但這可能會涉及犯罪，而且孩子也可能早已成為受害者，但本人卻渾然不覺，因此需要詳細地掌握來龍去脈。

假如孩子只是出自好奇或表示沒有任何意義，那就只要告訴孩子這種對話為什麼危險就行了。比方說告訴孩子，對方可以拿這些對話內容來進行威脅，原本在網路上輕鬆對話的好朋友，也可能反過來欺凌自己，甚至對現實生活造成負

面影響，讓孩子自行去思考（有時在替父母上課時，有人會問哪裡有這些案例，其實網路新聞就很多了，很容易就能找到）。

聽孩子陳述時，假如已確定孩子碰到了網路性誘拐、情緒操控、網路欺凌、性暴力的情況，孩子卻絲毫沒有察覺時，父母就需要說服孩子。孩子可能會一味包庇加害者，或者要求父母不要介入；這是兒童或青少年成為性誘騙受害者時的特徵，因此要抱持耐心，不斷和孩子對話，直到孩子認清現實為止。假使父母和孩子對話時碰上困難，或進一步介入，最好向性教育、性暴力、數位性暴力專家求助。

必須持續關心與對話

妥善應對並解決狀況之後，仍需要持續關心與充分對話。父母必須讓孩子依賴並集中現實的人際關係，而非網路世界。受到新冠肺炎的影響，孩子很難交到朋友，活動也受到限制，因此在家庭中，父母需要經常和孩子對話，傾聽孩子對哪些人事物感興趣，並充分給予稱讚和支持。

此外，父母也要持續替孩子上性教育，避免孩子以來自網路或同儕的錯誤資訊來滿足對性的好奇心，尤其這時請專家替孩子上課，會比父母教導孩子的效果更佳。

⓴ 孩子的裸照在網路上流傳

「就讀小五的孩子把自己的裸照傳給了聊天室認識的人，甚至被上傳到網路上。我被嚇呆了，該怎麼辦才好？」

隨著數位性犯罪的現象漸趨嚴重，這也成了經常會聽到的問題之一。此外，把「裸聊」（以視訊做出淫穢行為）當成把柄，威脅對方要散布影片，藉此勒索的犯罪行為也越來越猖獗。得知孩子把裸照傳給陌生人後被威脅，就夠憤怒了，假如像上面舉的例子一樣，發現孩子的裸照還被散布到網路上，父母會感覺天彷彿塌了下來，不知該如何是好。

先掌握情況吧

事已至此，應該盡快掌握照片散布到什麼程度、孩子傳了幾張照片，還有傳了什麼樣的照片等，因為唯有掌握狀況，才知道要如何介入。

想要徹底搞清楚發生什麼事，詢問孩子是最準確的，可是假如父母在孩子面前直接表達焦急如焚、怒不可遏的情緒，或者斥責孩子，孩子就會不肯開口，那麼整個情況就會卡關。因此，當下最要緊的是不要斥責孩子，和孩子一起合

力想辦法。

要盡快介入

處理數位性犯罪事件時，最重要的就是速度。就數位性犯罪的特性來說，一旦在網路上傳開，就絕對無法澈底刪除。不管再怎麼刪，遲早都會再出現，也一定會存在某處，因此，最佳的辦法是，一旦得知受害事實後就要立刻報警，在照片散布出去之前擋下來。就算已經散布出去，初期也要趁其他人複製下載之前擋下。介入時，與其憑藉個人之力，不如尋求專業機構（參見第 259 頁）會更好。由於私立機構難以掌握其可信度，因此最好考慮公共機構。

特別是求助於數位性犯罪相關的公共機構時，能獲得法律支援、諮商支援、刪除支援等全方位的協助。檢舉時，最好將剛開始認識對方的時間點、途徑、傳送照片的時間點、在網路上發現照片的時間點和網站記下來，作為檢舉內容。

讓孩子安心

在此情況下，父母最經常犯的錯誤，就是在處理過程中斥責或教訓孩子。仔細想想，孩子有什麼錯呢？孩子很可能是因為覺得與在聊天室認識的人很親密，或者是遭受威脅、網路性誘拐、情緒威脅，才會把照片傳給對方。這也表示在此之前，孩子沒有接受充分的數位性暴力教育，才會無法設

想後果。

在現實生活中，也許孩子是因為無法獲得足夠的關心與認可，才會依賴網路上建立的關係。無論是何種情況，都不是孩子的錯，因為孩子不可能預料到會發生那種情況，還故意讓自己陷入險境。因此，無論從何種角度來看，孩子受到指責都是不恰當的。反而是父母，無論發生任何事，都應該要保護孩子，盡全力解決問題、讓孩子安心才對。

向對方確認事實

必須詢問在聊天室認識的那個人，確認他把照片分享給誰，或者有沒有上傳到網路。對方可能據實以告，也可能狡辯推託，但在這過程中，目的並不在於非得聽到明確的答案，把它想成部分程序就行了。

私下給的照片卻在網路上傳開來，必定是有人蓄意為之。假如對方承認，就能盡早找到散布路徑，但就算對方不承認，也必須找出犯人並加以處罰才行。儘管對方可能不是散布者，但至少他對檔案的路徑要比孩子更清楚，因此可以請求對方協助找到真正的犯人。為了以防萬一，詢問時要錄音，還有過去或現在與對方的對話內容也都不要刪除，之後說不定能當成證據，派上用場。

積極解決

首先，無論是任何情況，都必須竭盡全力積極解決。孩子的性教育與心理治療最好同時進行。假如孩子是碰到網路性誘拐的情況，這可能不單純只是數位性暴力，因為站在孩子的立場上，可能會覺得自己慘遭信任的人背叛，所以心理治療是極為重要的步驟。這件事可能也會對父母造成衝擊，因此，建議父母也要接受心理治療。雖然已經強調很多次，但我仍要不厭其煩地再說一次：唯有父母恢復心理健康，孩子也才能順利恢復。

這可能是場硬仗

一旦照片或影片在網路上傳開，其實就很難澈底刪除，尤其如果是很久之前傳開的，就更是天方夜譚了。因此，解決的過程可能會是一場極為艱辛漫長的仗。而且，如果缺乏充分的證據，就可能很難找到最初的散布者，就算找到並給予懲處，也無法處罰網路上不特定的多數幫兇，因此會大感挫敗。

最讓人痛苦的，莫過於擔心看到照片的人認出了孩子，又或者認識我們的人看到照片時該怎麼辦。即使未來竭盡全力克服，不安也可能冷不防地冒出來，讓人活在煎熬之中。這時，心理治療將有助於減輕不安，找回心靈的安定感。

即便身為性暴力的受害者，當事人仍具有無法向任何人

訴說，獨自承擔不安與恐懼的特徵。儘管不明就裡的人會指責受害者，但孩子和家人都要牢牢記住，孩子並沒有做出應受到指責的行為。受害者沒有錯，他不過是相信了某個人，認為自己與對方很親近，也沒有預測到對方會如此邪惡。因此，即便這場艱辛的仗持續下去，我希望孩子不要自責，而是和能提供協助的人們一起合力解決。

④ 女兒跟網路上認識的男生發生性行為

「就讀國中的女兒和在社群網站上認識的男生發生了性行為。我傷心得淚流不止。我該怎麼辦才好呢？」

在社群網站上結交朋友、談戀愛的孩子們與日俱增。受到新冠肺炎的影響，孩子到學校上學的日子減少，這種情況也越來越多，伴隨而來的危險也跟著增加。

首先要確認是否做好避孕與感染性病與否

世事難料，第一要務就是檢查孩子的身體。父母必須掌握孩子是否確實避孕，以及有沒有懷孕的可能性。雖然可以直接詢問孩子，但假如孩子對於避孕一知半解，就有可能不知道有沒有確實避孕，也可能使用錯誤的避孕方法。

如果只相信孩子的說詞，後來可能會突然發現孩子懷孕了，因此最好使用驗孕棒進一步確認；同時，也要考慮到感染性病的風險。總而言之，畢竟是在網路上認識的人，不清楚對方是什麼樣的人、過去有什麼樣的性生活，因此，最好也要接受性病檢查。只要到醫院就能同時檢查懷孕與性病，因此到醫院接受診療是最快速精準的。

確認對方的個人資料

　　假如孩子的身體安全無虞，接下來就必須找出關於那人的資料。事情發展也許荒唐，父母可能會發現對方是住在附近的同齡孩子，而兩人雖然是在網路上認識，但實際上相處時也對彼此懷有好感，所以才發生性行為。假如兩人認定彼此是男女朋友，那或許就要視為交往關係。因此，父母需要先向孩子確認兩人是什麼關係。儘管聽到兩人交往的契機之後，父母或許不太能理解，但既然孩子們表示雙方是認真的，那就要認定是在交往，並想辦法解決狀況。

　　不過，萬一對方是成年男性或住在附近的同齡男孩子，但並非雙方懷有好感，而是對方利用孩子的話，就必須視為犯罪行為並加以介入。特別是成年男性，無論對方再怎麼堅稱雙方相愛，但仍極可能不是如此。因此，有必要掌握對方的個人資料，以及孩子與對方認定的關係是什麼。

根據情況介入

　　假如兩人是在交往，就有必要告訴孩子戀愛時該注意的事項，進行與性行為有關的教育。與其說是允許孩子發生性行為，不如說是讓孩子知道，發生性行為時需要考慮到哪些層面，要準備和確認的事項又有多少。此外，未來的計畫也要明確才行。既然是在交往，就表示兩人會繼續碰面，而且只要發生過一次性行為，兩人交往期間就有可能持續發生性

行為；因此，要明確地說清楚往後該如何避孕，又該如何做出負責的行為。

萬一碰到對方是成年男性，又或者雖是同齡孩子，卻是利用孩子的情況，就有必要採取強硬的手段。特別是成年男性，無論是哪一種可能性，都不能就此罷休。這時最好的做法，就是報警，並請求協助。

只不過，假設孩子是遭到網路性誘拐或情緒操控，孩子有可能反而是阻止父母採取強烈手段的人。孩子可能認定雙方是相愛的，不想讓對方陷入困境，因此父母最好先持續和孩子對話，讓孩子認清並接受狀況，再採取強硬手段。需要走法律途徑時，憑一己之力可能會很吃力，因此聯繫專業機構一同解決會更好（參見第72頁）。

㊷ 女兒和同學說好要嘗試親密接觸

「我家孩子說和國中同學說好要嘗試親密接觸。不久前
兩人約好要見面，可是實際見面卻受到太大驚嚇，最後
哭著回家。我該跟孩子說什麼才好？」

以前曾聽說孩子之間很流行「親密接觸」。儘管孩子
上過許多性暴力預防教育課程，所以不會表現得明目張膽，
但對性充滿好奇的孩子們仍會分享與性有關的話題，以至於
不是交往關係的朋友之間，卻私下說要滿足彼此對性的好奇
心。

對孩子的心情給予共鳴

我就曾經在諮商時碰到這種案例，是同校朋友的男生和
女生用通訊軟體聊性的話題，後來因為很好奇，所以非男女
朋友的兩人約好要見面，互相觸摸對方，可是實際見面、觸
碰之後，卻發現不僅跟自己想像的不同，而且在心情很惡劣
的狀態下，對方還要求再觸摸一次。不快、對性的羞恥心、
懊悔與恐懼頓時交織在一塊，受到驚嚇的孩子回家後鎖上房
門，不停地哭泣。此事件並沒有按照孩子們的計畫發展，反
而鬧得非常大，甚至動員警察介入調查，召開了學校暴力委

員會。

　　碰到這種情況，不應該逼問或責怪孩子，而應該對孩子的心情給予共鳴。孩子嚇壞了，一不小心就可能會對性產生負面記憶，因此首先要先給予共鳴，讓孩子冷靜下來。當青春期的孩子對性太過好奇，就會用這種有勇無謀的方式來消除好奇心。雖然希望孩子使用其他方法，但這時也有必要客觀地思考，孩子究竟有多求助無門，才會想到要和朋友做出這種約定。

掌握情況後加以介入

　　等孩子的心情平復，接下來就要開始掌握情況。即便剛開始是兩人說好，但隨著情況的發展，也有可能形成性暴力。還有，雖然從法律的觀點上尚未構成犯罪事件，但根據孩子主觀的感受，也可能感覺自己遭受了暴力。

　　孩子鎮靜下來之後，就需要詢問事情怎麼發生？準確地判斷情況。假如是在好奇心的驅使下做出協議，也沒有演變成施暴的情況，那就接受目前的情況，讓整件事落幕。父母可以把另外一個孩子找來，把整件事做個了結，也可以開導自家孩子就好，根據情況和必要性做出選擇即可。

到頭來，終究還是需要性教育

　　父母可能會充滿懊悔與自責，心想要是提前讓孩子接受

性教育，或許孩子就不會因為好奇心而受到傷害了。然而，與其後悔，不如想想往後要怎麼做會更具建設性。當事情圓滿結束，孩子的心情也鎮靜下來，這時再替孩子進行必要的性教育即可。

為了避免孩子再次因好奇心而鋌而走險，並且產生疑惑時，有人可以解答疑惑，父母需要替孩子安排管道，以健康的方法消除好奇心。等孩子鎮靜下來，就能以客觀角度檢視情況，加上已經有過一次經驗，所以也會領悟到，自己用來消除好奇心的方法有多不成熟。只要把這當成學習機會，讓孩子回顧自身行為，並練習控制對性的好奇心就行了。

預防是最佳辦法

這種行為雖然單純是出自青春期對性的好奇心，但男生的好奇心可能會因此爆發；至於女生，則是擔心消息會在學校傳開而惴惴不安，或者事情有了意想不到的發展，最後造成心理創傷。

因此，我希望父母能先了解，以不健康的方法來消除好奇心，會對孩子帶來負面結果；另外，也要協助孩子以健康的方法消除對性的好奇心，才能避免同樣的情況再發生。

㊸ 女兒拍下朋友的身體，上傳到聊天群組

「我女兒開玩笑地把朋友的身體拍下來之後，上傳到群組聊天室。她尷尬地說自己不是有意的，我該怎麼跟她說才好？」

聽到這種剛開始只是開玩笑，最後卻以暴力收尾的案例時，我都會發自肺腑地感到惋惜。雖然沒有惡意，但只要有人受到了傷害，就不能不當成一回事。

確認孩子如何看待這個情況

在這種情況下，首先要掌握孩子是如何看待這個情況。原本只是無心的，沒想到卻鬧得這麼大，孩子可能會受到驚嚇，但也可能會暗自叫屈，說自己只是開開玩笑。可以確定的是，假如孩子不認定這是暴力，就很難意識到自己的錯誤。根據孩子如何看待這個情況，想要如何處理這個情況，在解決過程中可能會造成天壤之別。假如孩子想以「開玩笑」這個理由打發，就必須嚴厲訓斥孩子，也要讓孩子知道，為什麼這個情況不能只是笑笑就算了。

非法拍攝朋友的身體，且未經對方同意就散布出去是一

種犯罪行為。必須清楚地告訴孩子，這是會受到法律制裁的行為，也是無法避免學校處罰的嚴重行為，甚至自己可能會因為這件事而必須轉學。接著，父母要耐心等候孩子，直到孩子了解自身的錯誤為止。

確認孩子的立場和心情之後

此外，也要掌握孩子是基於何種理由，拍下朋友的身體並傳到群組聊天室。父母需要詢問孩子，怎麼會拍下朋友的身體，而且也不經當事人同意就分享給許多人。父母要先帶著「孩子或許也有苦衷」的想法，冷靜地聽孩子怎麼說。充分地聆聽孩子的立場之後，可以對其心情給予共鳴，但仍要明確指出孩子做錯之處。特別是這種情況，孩子必須知道，無論有什麼樣的苦衷，自己都不該做出這樣的行為，而且這也會對受害的朋友造成不可抹滅的傷害。

不過這裡要注意的是，孩子的行為與孩子的存在本身必須分開來談。也就是說，不能讓孩子產生「做出惡劣行為的你是很差勁的人」的感受，導致孩子討厭自己、不斷自責、深受罪惡感折磨。錯誤歸錯誤，孩子歸孩子，兩者不能混為一談。

假如孩子是加害者，對自己感到憤怒的話，希望父母能這樣告訴孩子：「就算做出這樣的行為，也不代表你就是壞孩子。但是，假如你不對自己的行為負起責任，只會怪罪

他人的話，那才真的叫做惡劣。爸爸、媽媽不認為你是壞孩子，也相信你能好好解決這件事，帶著真心取得朋友的原諒，爸爸、媽媽會在一旁陪伴你。」

以受害的朋友想要的方式解決

這種情況是明確的錯誤，因此重要的是傾聽受害的朋友希望如何解決。假如受害的朋友非常痛苦，就需要耐心等待朋友恢復，並在朋友想要的時間點真心道歉，取得對方的原諒。儘管孩子也能自行思考如何取得原諒，但更重要的是受害者的立場。父母應該從旁協助，讓孩子試著思考受害者的立場，給予理解和體諒。

第五章

・

◆

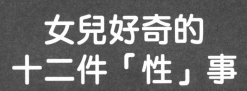

女兒好奇的
十二件「性」事

44 我的陰唇長得好醜，如果男朋友不喜歡怎麼辦？

「我是高一生。我的陰唇好像有點長，而且顏色暗沉。
要是以後和男朋友發生性行為，或者結婚後老公看到了
不喜歡，那該怎麼辦？」

　　有時替高中生諮商時，會碰到有些孩子煩惱自己的生殖器太醜。儘管實際上多數人的生殖器外觀都在正常範圍內，但孩子們仍經常為生殖器煩惱不已。

生殖器也是一種個性

　　如同世界上沒有長得一模一樣的人，生殖器也各有不同。美國知名雕刻家傑米・麥卡特尼（Jamie McCartney）就曾於二〇一一年創作了《以性器官打造的巨牆》系列。這個系列是麥卡特尼花了五年的時間，以十八到七十六歲的四百名女性的性器官所打造的作品。女性的性器官各式各樣，甚至能成為藝術品的靈感。

　　然而，我們所接觸的性教育書籍或教科書上，出現的性器官形狀就只有一種，所以才會看到自己的生殖器長得不一樣，就感到驚慌或擔憂。

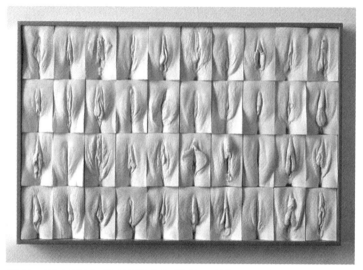

傑米‧麥卡特尼《以性器官打造的巨牆》，出處：WikiTree

　　相較於性器官的形狀是美或醜，更重要的是會不會對實際生活造成障礙。舉例來說，因為陰唇整體或單側過長，以致走路時會感到不舒服、引發疼痛，又或者會引發功能上的問題，就需要向醫生諮詢。但假如不是這種情況，性器官的外觀並不會造成問題。

讓自己先滿足，比讓伴侶滿足更重要

　　孩子因為自己的生殖器長得不好看而產生壓力，擔心要是成人之後發生關係的對象不喜歡的話該怎麼辦，但說句老套的話，要別人愛上就連我自己都不喜歡的生殖器，是非常

困難的事。假如我不懂得珍惜、尊重自己，任何人都無法替我這麼做。

　　就社會的角度來看，我們所有人都活在評價外貌的時代，特別是女性的臉蛋、皮膚、身材與時尚打扮都很重要；女性的外貌，經常被視為女性具備的能力之一，並與自我管理直接連結。美的基準會根據歲月流逝而有不同，而每一次，社會都會將更殘酷的基準套用在女性身上。韓國小姐、無數地區慶典的○○小姐選拔大會，就是社會喜歡評價女性的代表性例子，將這種活動描述為評價女性外貌的評選會也不誇張。到底是誰該評價誰的外貌、為其排名啊？

　　身處這樣的社會，擔心自己不漂亮就無法獲得某人的愛，或許也很自然，可是，如今必須擺脫這種想法了。外貌是主觀的，而且重要的是要懂得自我滿足。假如交了男朋友，對方卻評論我的陰唇如何，拒絕與對方往來才是對的。就連小陰唇的形狀都會被評論了，想必對方更可能對臉蛋和身材指指點點。假如男朋友無法感受到他人的存在價值與珍貴，任意評論他人的外貌，口無遮攔地說出武斷意見，那就要認清對方是既無基本概念，也不懂得體諒他人的人，趁早分手為上。再次強調，最重要的是，接受並懂得愛自己身體原來的樣子。

㊺ 生殖器好像有異味

「我的生殖器好像會散發異味。我覺得很羞恥，所以不敢跟媽媽說。有時也會覺得搔癢，這樣有需要去醫院嗎？」

生殖器出現狀況時，女生們總羞於向他人啟齒，如果說要去醫院看診，就更遲疑不決了。

當務之急是找到原因

平時女性的生殖器會散發微酸味，又或者沒什麼味道。還有，根據月經的週期，分泌物的量、濃稠度和味道也會發生改變。不過，假如就連自己都察覺到散發異味，就可能是生殖器發炎、沒有清潔乾淨，或者健康狀況出了問題。

發炎的原因，除了性行為之外，也可能是免疫力下降或長期服用抗生素所致。若是在免疫力低落時，以未清潔乾淨的手觸摸生殖器，也可能造成陰道炎。陰道發炎導致散發異味或搔癢時，分泌物也會隨之增加，因此需要特別注意。

就女性生殖器的構造來說，小便後若沒有擦拭乾淨，就會沾附在內褲上，這時藏在尿液中的細菌就可能進入陰道，造成發炎。如果沒有每天清洗並更換貼身衣物，分泌物與小

便的痕跡也可能造成異味。除此之外，健康狀況發生問題，以致對生殖器造成影響時，也可能會因為分泌物而散發異味。

假如是健康狀況引起，就需要治療疾病，衛生管理則靠每日清洗乾淨就能解決。這時，最該留意的就是陰道發炎的狀況。

陰道炎就像生殖器得了感冒

當我們感冒時，都會毫不猶豫地去看內科或耳鼻喉科，可是陰道發炎時，卻不敢貿然去婦產科報到；問題並不在於婦產科，而是社會的認知。大眾具有把婦產科跟已婚女性或孕婦聯想在一起的傾向，認為沒有懷孕或未婚的女性，特別是未成年者不適合去婦產科，導致女性對接受診療感到遲疑。基於這樣的脈絡，孩子就更難以向父母開口了。

然而，去看婦產科並不是什麼羞恥的事。就像感冒了就去醫院看病，婦產科也是當相關部位不舒服時就能去的地方。如果是國中生階段，即使是為了確認發育是否良好，或者生殖器的健康狀態，也都應該去婦產科。

去醫院時，要和監護人同行

即便碰到陰道發炎，或者認為自己應該去婦產科一趟，卻依然不敢向父母提起的原因，就在於擔心爸爸、媽媽會感

到奇怪，加上這又是難以讓他人看的部位，所以會覺得要說出來很難為情。不過，婦產科要比其他醫院的診療費貴一些，如果需要服用藥物或治療時，也可能需要監護人在場，因此就算難以啟齒，仍要告訴父母。假如覺得告訴爸爸很不自在，那就告訴媽媽。

聽到孩子說要為了生殖器的狀況去看醫生時，假如爸爸、媽媽非常驚慌失措，反而就要告訴他們，去看婦產科不是什麼奇怪的事，而且生殖器不是一眼就能看到的部位，如果有任何不舒服，盡早去看醫生才是對的。

初期就要接受檢查

生殖器不是一眼就能看到的部位，碰到發炎的情況時，症狀也不會顯現於外，而是會逐漸往內跑。因此，初期可能只是單純的陰道發炎，但慢慢地可能會演變成尿道炎、膀胱炎、子宮炎、卵巢炎和骨盆炎。生殖器發炎的症狀越往內跑，治療就越困難，如果不及時治療，就可能終生必須與發炎症狀為伍，或者引發月經不順、不孕或癌症。因此，關鍵在於初期接受治療，避免發展成嚴重疾病，而且就算沒有特別症狀，只要到了高中生左右，最好定期接受檢查。

生殖器保養方法

一天清洗一次生殖器是基本保養。只要在睡前用乾淨的

水清洗一次，更換內褲即可。清洗生殖器時，最好不要使用肥皂，而是用清水洗淨就好。女性的陰道屬於酸性，而肥皂是鹼性，如果太常使用肥皂，或者太常清洗陰道，反而可能會殺死益菌，造成陰道發炎。不用肥皂，單純使用流動的水清洗是最好的；不過肛門附近有許多細菌，仍須使用肥皂清洗乾淨。

有時我會被問到關於女性清潔液的問題，最理想的情況是讓身體自行維持平衡。清潔液含了許多化學成分，最好不要太常使用。只要管理好免疫力和健康，不必刻意使用清潔液清洗生殖器，我們的身體也能自行維持平衡。只要陰道內保持平衡，提高免疫力，就能解決生殖器異味的問題，因此做好衛生管理和健康管理才是關鍵。

㊻ 男朋友老是要我傳身體部位的照片給他

「男朋友老是要我傳身體的照片給他，見面時還會故意開玩笑地碰我的胸部。我覺得很不爽，但畢竟是男朋友，所以不知道該怎麼說才好。」

　　有許多青少年雖然覺得不高興，但因為不知道如何拒絕男朋友、如何表達心中的不快而苦惱；但就結論來說，這可以視為約會暴力。

所謂的約會暴力，不只是罵髒話或動手腳

　　說到約會暴力，大家經常會想像罵髒話或動手腳等，極具攻擊性與暴力的行為，但實際上並非如此。約會暴力的範圍非常廣泛，當交往關係中的一方做出令人不快或痛苦的言行時，就都可視為約會暴力。以下舉例：

　　「妳今天為什麼穿這麼短的裙子出門？我討厭別的男人盯著妳的腿，下次不要再穿這種衣服！」

　　「妳為什麼穿褲子出門？妳的腿很美，要穿裙子才好看。我覺得妳穿裙子更漂亮，之後每一次跟我見面都要穿裙

子來，知道嗎？」

　　碰到上述情況時，想必有許多人會這樣想：「哎呀～是我男朋友太喜歡我，所以吃醋了。我當然不能讓他吃醋啦！他是擔心我，所以下次我要穿褲裝。」

　　「覺得我的腿很美？原來他喜歡我穿裙子啊！我希望自己在男朋友的眼中是漂亮的，所以下次要穿裙子出門。」

　　戀愛初期，聽到男友發牢騷時心情會很好，甚至內心還會小鹿亂撞，可是當男友每次都指責穿著打扮，或者情況變本加厲，甚至朝女生大吼、懷疑女生或試圖動手打人時，想法就完全不同了。無論男友的要求再微不足道，只要女生不願意，對方卻持續要求、過度干涉與指責的話，就可能形成約會暴力的開端，因此必須好好觀察男友的言行舉止。

任何藉口都是胡說八道

　　假如指責穿著、干涉人際關係、要求共享手機密碼等是約會暴力之始，那麼每次見面都會開玩笑似的襲胸，或要求傳送身體的照片，則可說是約會性暴力。

　　就算不知道男友會拿出什麼理由，總之都只要想成是胡說八道就行了。就算對方說了「我很愛妳，所以想一直看著妳」、「妳太性感了，我想獨自珍藏」等理由，也絕對不能

心軟。倘若真的是愛，就會想要保護心愛之人，才不會令對方陷入危險。

相愛，所以想一直看到對方，只要經常見面就行了；見不了面，也只要視訊就解決了。因為很性感，所以想獨自珍藏的說法根本說不過去，不過是把女友視為性對象，當成洩慾的工具罷了。假如有青少年因為感受到對方是百分之百的真心，也確定對方很愛自己，所以願意把照片給對方的話，希望妳在看到這篇文章之後能趕快清醒。

盡快結束關係

這種男朋友必須盡早結束關係，要是時間拖得越長，對方可能要求的就不是照片，而是直接暗地偷拍。如果是剛開始說想珍藏，於是拍下女朋友身體的人，在自己的要求被拒絕時，就非常有可能偷拍。剛開始他可能完全沒有那種想法，但因為無形中已經把女朋友當成性工具，只要欲望變得強烈，就可能會偷拍並暗自收藏，而這種情況就屬於非法拍攝。妳可能會覺得「不給他就好啦，就為了這種事叫我分手？」不過，其實妳的男朋友已經釋放出訊號了，要妳「趕快從我身邊逃走！」

不是所有人都是蓄意犯錯，更多時候是在不自覺、無意間鑄下大錯。特別是親口要求對方傳送身體照片的人，就極可能不知道自己提出的是什麼要求，也不知道這是約會暴力

的開始，因此知道的人必須斬斷這個環節。

分不了手，就必須壯大自己

假如無法輕易分手，平時就要多和信得過的朋友或大人們（父母、學校老師、輔導老師等）聊聊戀愛的話題，因為唯有如此，才能在必要的瞬間取得協助。有可能是因為自己太喜歡男朋友，也可能是因為不認為這是暴力的開始，所以無法說出要分手，又或者雖然都能理解，但想再給男朋友一次機會。

盡量把無法與對方分手的所有理由都和輔導老師、朋友或信賴的大人分享，也有助於解決情況。透過和身邊的人對話，培養出自己的力量，等到產生勇氣時再提出分手，也不失為一種方法。

談一場帥氣的戀愛

最好別和缺乏基本概念，不懂得尊重、保護心愛之人的對象來往。希望妳是和即便自行拍下身體的照片給對方，也會告訴妳這樣的舉動很危險的人交往。如果是愛妳的人，就應該知道什麼樣的言行舉止會令妳不快，並思考妳想要的愛是什麼。妳可能會覺得很困難，但仍必須和會觀察妳的心情，懂得體諒和詢問妳的想法的人交往，雙方之間有充分的對話，這才是健康的戀愛與交往關係。

與懂得尊重、保護自己的人談戀愛，能夠互相體諒、一同成長的關係，才稱得上是帥氣的戀愛。把時間拿來談一場打壞心情、不安的戀愛太可惜了，希望妳能替世界上最珍貴、最討人喜愛的自己，找一個合適的對象。

❹❼ 男朋友說想做愛

「我就讀高一，我男友說想做愛。我雖然很好奇，但不知道該怎麼做。什麼時候發生性行為才恰當呢？」

青春期談戀愛時，會感受到喜歡某人的情愫、和對方有身體接觸，也會因為身體接觸的程度和自己的期待不同，比方說太強、太弱，或是發生意想不到的性行為，因此陷入苦惱。

為什麼想做？

我想問妳，想和提出要求的人做愛嗎？妳想和男朋友做愛，還是不想呢？假如妳會感到猶豫，或者不太肯定，就表示還沒做好準備。

發生性行為之前，要先建立屬於自己的標準。有很多人是在氣氛下使然，或者因為交往對象想做，自己又不想和對方分手，所以才發生關係。但性行為是相當具有意義的事情，其中又以第一次性經驗時，至少要在做好心理準備，知道自己在做什麼，不帶後悔且盡可能安全的狀況下進行。

發生性行為之前的確認事項

發生性行為之前要確認的事項不勝枚舉。儘管做得再怎麼滴水不漏，仍會發生意想不到的狀況，但為了將危險、後悔、不安與恐懼降到最低，需要試著思考以下事項，和另一半充分對話：

- 有喜歡對方到想發生性關係嗎？
- 有想要發生性行為嗎？
- 有相信對方到能和他發生性關係嗎？
- 準備好要面對，發生性關係後可能會產生的壓力或不安了嗎？
- 是否澈底了解身體、性病、懷孕、妊娠中止等性知識？
- 是否對性行為感到擔憂或恐懼，如果有的話，能和另一半溝通嗎？
- 是否知道各種避孕方法、其優缺點、注意事項和副作用？
- 知道沒有百分之百的安全避孕方法，知道假如懷孕的話，能向誰請求協助嗎？又或者是否準備好要負起責任？關於懷孕一事，能否與交往對象商量？
- 知道哪裡能獲得性行為的相關資訊，該向誰詢問和請求協助嗎？

・ 清楚了解自己的身體和對方的身體狀況、健康狀況嗎？

守護自己的標準

假如當男朋友提議發生性行為時，自己也有意願，除了上面的確認事項之外，還有許多事情需要考慮。假如你對每一項都沒有排斥感，也確定安全與信任對方，已經做好發生性行為的一切準備，那麼，這時發生的性行為乃是出自個人選擇，因此不該被指責為錯誤行為。

然而，假如想來想去都覺得時候未到，或者不想和這個人發生性行為，又或者有其他的想法，總之如果無法做出判斷，就不應該去做。儘管有時會發生因為對方提出要求，為了維持關係而不情願地發生性行為，但那種性行為只會帶來懊悔與不安。還有，當事後發生問題時，交往對方願意共同解決問題的機率也很低。

希望妳趁這次機會認真思考性行為，建立「在何時、何地與誰發生怎樣的性行為」的標準之後，能將這個標準時時放在心上，好好守護。

儘管根據情況或對象，這個標準可能會改變。還有，如果不會對改變的標準後悔或遲疑，那也是一件很有意義的事。

假如在談論這個標準時，男朋友無法接受，只顧著強調

自己的欲望、再三慫恿，希望妳能好好考慮要不要繼續和對方交往。沒有必要為了迎合對方的標準，就澈底屏棄自己的標準。我會為妳應援，願妳能透過守護自身的標準，談一場安全且幸福的戀愛，獲得成長。

㊽ 接吻也會得性病嗎？

「我以為透過性行為才會得性病，但又看到有人說接吻也會得性病。我和男朋友接吻了，但很擔心會不會得性病。」

　　大家肯定聽過很多次，如果青少年或未婚人士不小心懷孕了，人生就會澈底翻轉，不過性病比懷孕更危險。

需要對性病保持警覺性

　　儘管也有不少大人對性病不太了解，但青少年尤其不懂的原因，就在於韓國社會氛圍禁止青少年發生性行為，因此，對青少年進行性病預防教育的情況很罕見。不過，性病可能要比懷孕更危險，因為懷孕在某種程度上可以透過「避孕」阻擋下來，又或者就算沒有避孕，也能推測懷孕的可能性，可是卻幾乎沒有預防性病的方法，而且也可能無法憑肉眼辨識。此外，發生性行為時，要說出「你沒性病吧？有做過檢查嗎？」比「你要戴上保險套」難多了。

靠接吻傳染的性病

疱疹

　　最具代表性的即是「疱疹」。不久前，知名 Youtuber 把疱疹傳染給交往對象的事件鬧得沸沸揚揚。最令人惋惜的，就是交往對象在出現症狀之前完全不知情。疱疹可以分成口腔長水泡和性器官長水泡，免疫力低下時，如果接觸到疱疹患者的水泡，就可能被感染。這種性病之所以危險，就在於無法痊癒。一旦感染了，病毒就會存在體內，碰到免疫力低下時會形成水泡，這時就會傳染給對方。

梅毒

　　梅毒也是能透過接吻所感染的性病之一。假如能早期發現並接受治療，就有機會痊癒，但早期症狀輕微時，可能會錯過治療時機，因此需要保持警覺性。假如是梅毒，錯過初期症狀之後，病毒可能會在體內潛伏數年，接著症狀逐漸嚴重，最後導致失明、全身麻痺和死亡。

HPV（人類乳突病毒）

　　HPV 是女性感染時症狀相對明顯的性病，不過，即使是透過接吻感染，也幾乎沒有症狀，因此通常患者都不知情。這種病毒光是種類就有兩百多種，其中隸屬高危險群的病毒會引起菜花、子宮頸癌、陰道癌、陰莖癌、肛門癌等，

因此特別危險。一旦感染 HPV，也可能發展為咽喉癌或腦瘤，因此需要小心，不過，HPV 可接種疫苗，也可透過定期檢查確認感染與否。

愛滋病

愛滋病，是感染 HIV 時，病毒破壞免疫系統所造成的疾病。不是 HIV 進入我們體內，就都會感染愛滋，只要管理得當，就能避免發展成愛滋。這種病毒不會因為輕輕碰到嘴唇就傳染，但若在口腔內有傷口或發炎時接吻，就會有感染風險。

減少性病危險的三種方法

如果碰到有性病的人，即便只是輕輕碰到嘴唇，也可能感染性病。因此，就像不想懷孕的人會選擇避孕，不想感染性病的人，也要竭力避免感染性病。以下有三種預防方法：

1. 了解性病：如果打算發生性行為，或者目前有性行為，就非得了解性病不可。
2. 定期接受檢查：只要有發生過性行為，就必須接受檢查，更換性伴侶時，也要做性病檢查才安全。
3. 無法確認對象是什麼樣的人時，就必須小心為上：為了個人的安全著想，觀察對方平常會做出哪些行

為，是否擁有健康的性觀念，是否了解性病預防和懷孕的可能性等都極為重要。

為了擁有安全且幸福的性行為，必須將自己的安全視為首要之務。只因為一次性行為，就得一輩子帶著性病生活，那該有多可怕？懇切地希望你能在發生性行為前多了解性病，學習保護自己。

㊾ 朋友和不認識的大人發生關係，該怎麼辦？

朋友和不認識的大人發生關係，
該怎麼辦？

「我是國中生，朋友說自己在網路上認識了某個叔叔，
和對方見面之後發生了關係。我很擔心她，所以想勸
她，但我能做什麼呢？」

應該把這個和國中生交往的「叔叔」繩之以法才對，聽到孩子很擔心朋友的狀況，問我該怎麼辦時，身為大人的我不禁感到非常心痛、慚愧與憤怒。

向當事人詢問原因

第一階段，妳應該先詢問朋友為什麼要和那個叔叔見面。朋友可能會說，和那個叔叔來往是為了金錢，也可能認為這是愛情，又或者兩人很談得來，對方願意傾聽自己說話。

根據朋友說出的理由，要做出的反應也會不同，但假如朋友是因為金錢，妳就有必要讓朋友認真地思考，是否要賭上自己的性命，靠著發生性行為來賺錢。此外，妳也要告訴朋友，以發生性行為收取金錢是法律上禁止的行為，有可能會因此惹禍上身。

假如朋友認為自己和那個叔叔彼此相愛，那麼很可能是遭受網路性誘拐。這時要抽身會有點困難，但妳可以和朋友一起思考真正的愛是什麼，大人與國中生相愛是否正常，還有就算真的是愛，大人和國中生發生性行為是否太過自私、缺乏體諒和尊重。

如果朋友說，是因為雙方很談得來，對方也很願意傾聽自己，所以才會交往，這表示朋友是因為太過孤單，所以才需要談天的對象。這時可以提醒朋友，她的身邊還有自己及其他朋友願意陪伴她，能夠成為她值得信賴的談天對象與互相依靠的人。

一起討論危險的情況

雖然發自內心擔心朋友，也勸阻朋友別這麼做，但朋友仍繼續和對方見面的話，或許可以和她討論各種可能發生的危險情況。相關案例可以透過新聞或影片找到，而這時你就要告訴朋友，實際上和成年男性網友見面時，可能會遭受威脅、言語暴力，而既然兩人已經發生性行為，就有可能會懷孕、感染性病，嚴重時還可能會遭受危及性命的暴力，甚至因此喪命。

即便看到新聞中發生的事件，仍有許多青少年會認為「我認識的叔叔不是那種人」、「這種事不會發生在我身上」，但遭受暴力或甚至死亡的受害者，當初也都沒料想到

後果。

雖然朋友可能多少會受到衝擊，但如果能讓對方多看看實際發生的新聞事件，讓她自行思考，或許能促使她改變想法。

向大人求助

假如兩人已經充分對話，也已經聊過許多危險情況，但朋友依然無法斬斷這段關係，而為了拯救陷入險境的朋友，妳需要強硬地告訴她，自己只能向大人求救。這時朋友可能會大發脾氣，要妳別多管閒事，並且說告訴大人才真的是置她於險境，宣告要跟妳絕交，但妳不能因此動搖。只要想一下什麼才是真正為朋友好，答案就會呼之欲出。

如同前述，假如朋友是性誘拐的受害者，要自行走出的難度相當高，因此需要向能信賴的大人求助，把朋友從關係中拉出來。向大人求助時，假如朋友說絕對不能告訴某些人（例如父母）時，那麼尋找其他大人將會是對朋友的小小體諒。可以先試著向學校輔導老師、補習班老師、阿姨、就讀大學的姊姊等人求助，假如需要積極介入，屆時再告訴父母。因為必要時，可能必須報警檢舉朋友交往的那位叔叔，因此這時父母非知道不可。還有，碰到這種情況時，很難在缺少大人的協助下解決，因此仍必須考慮到最終父母還是會知情。

㊿ 我好討厭自慰的自己

「我好討厭自慰的自己，可是卻忍不住一直自慰，我是
上癮了嗎？」

　　有些人對自慰行為懷有罪惡感，或者認為自慰是不好
的行為，因此用負面眼光看待自己，不過自慰並不是什麼壞
事。有過經驗之後持續自慰的現象，是一種性衝動（自慰、
性行為等）的特徵。

自慰是什麼？

　　自慰指的是觸摸、刺激自己的身體，以獲得性快感的
行為。因為觸摸的是自己的身體，所以這並不是什麼壞事，
只不過根據自慰的方法，可能會對身體造成負面影響，所以
要遵守禮儀和方法。自慰的人要比想像中多。過去會認為只
有男性才會自慰，女性自慰是不好的，或被視為一種禁止行
為，但現在想法已大為改觀。只要是人，就同樣都有需求，
因此不分性別，男女都可以自慰。

　　哪個部分讓妳覺得不自在，所以討厭起自己的行為呢？
雖然不知道妳是否認為哪種自慰比較好，但如果有特別對哪
個部分不舒服，就需要好好思考一下。沒必要對自慰行為存

有負面想法，相較之下，思考自己是以何種方式進行自慰，還有自慰的頻率，才是比較重要的。

遵守自慰禮儀

女生必須了解自慰的方式，並且避免做出對身體造成危險的舉動。還有最好不要做出讓他人不快，或者令自己不舒服的行為。這即是自慰的禮儀。

自慰時，要選在獨處的空間，從容不迫地進行。自慰之前，一定要將生殖器和雙手清洗乾淨。因為就女生的生殖器構造來說，假如不清洗乾淨就自慰，可能會導致細菌跑進陰道內並造成發炎。觸摸身體的任何部位都行，妳可以自在地輕撫自己的胸部或生殖器附近，而通常女生自慰時，會觸摸並刺激上方稱為陰蒂（陰核）、最為敏感的部位。陰蒂的存在單純是為了性快感，因此刺激時會產生愉悅感。這個部位極為敏感，若是觸摸時太過用力就會造成傷口，或者之後可能會疼痛，因此動作要輕柔。

偶爾有人會將手指或物品放入陰道內，但這是非常危險的方法。陰道內側的皮膚非常脆弱，因此不僅會受傷，也可能會造成發炎。尤其是對於沒有性行為或生產經驗的青少年來說，把異物放入陰道時，陰道口可能會有撕裂傷，因此最好不要做出侵入性的自慰行為。自慰時還要遵守一件事，就是不要看情色內容。自慰是集中在身體與感覺、享受性愉悅

的行為，因此最好專注在自己身上。最後，當自慰結束後，也必須將雙手和生殖器清洗乾淨。

為了健康，適當自慰

　　嚐到自慰的滋味後，有人因為太喜歡這種感覺，所以一天會自慰好幾次。雖然自慰本身不會對身體有害或造成危險，但如果太過頻繁，就有可能不正常出血（不是經期，可是卻有流血現象）或下腹部感到疼痛等，因此要適當為之。如果覺得自己上癮，那麼每當想要自慰時，就不要每次都去做，而是其中幾次以其他方式紓解。舉例來說，想要自慰時就去散步、和朋友通電話、和家人吃吃點心等，轉移自己對自慰的注意力與欲求。

　　自慰是一種和自己分享愛的方式。既然是以獨有的方式愛自己，就沒必要對自慰產生負面想法。因為每個人都有性需求，而且相較於在尚未準備就緒的狀態下發生性行為，自慰要比那安全多了。只不過為了保護自己的身體，希望妳能避免使用危險的方法，而是能遵守自慰的禮儀，以健康的方式享受自慰。

假如父母發現妳會自慰

　　畢竟有很多青少年是和父母同住，因此不時會發生自己獨處時卻被父母撞見的狀況。如果沒辦法一個人住，又或者

是有自己的空間，但也能隨時進入對方房間的一般住家，就經常會發生自慰時被撞見的情況；此時不必太怯弱或自責。自慰本身並不是錯誤行為，儘管如果敞開房門，大剌剌地做出自慰行為不太好，但假如把門關上了，卻在中途被撞見，把這種情況想成是無可避免，對精神健康會比較好。

假如自己為這種經驗非常煩惱，為此不斷自責或羞愧不已，反而可能會對性健康造成負面影響，因此盡可能以「雖然滿難為情的，但也在所難免」帶過較好。

不過，即便這次想成是在所難免，但被父母撞見在自慰的經驗只要一次就夠了，下次務必要做好萬全準備，避免再被父母撞見。這也是自慰禮儀之一。

自慰時，必須在獨處、能自在地集中注意力的空間進行。還有，假如原本你打算在房間或洗手間自慰，可是家裡還有其他人在的話，就一定要鎖上門。

另外，前面也強調過，不要看情色內容，也不要做出插入的行為。假如邊看情色內容邊自慰，或者做出插入行為時被父母撞見，這時就很難善後了。看情色內容是非法的，而插入行為具有危險性，因此父母只能插手介入。如此一來，情況就會變得更加棘手。雖然已經反覆說了許多次，但希望妳在自慰時，能在保持心靈的從容、專注於自己身體的狀態下，以安全的方式進行。

(51) 看了A片之後，忍不住一直想看

「我是國二生，有次偶然看到了色情影片。看色情影片時，我的心情怪怪的，可是之後卻忍不住會一直想找來看。我記得學過不能看那種東西，那我會不會被處罰？要怎麼做，才不會想看色情影片呢？」

無意間看到色情影片（也就是我們常說的 A 片），之後持續想看的情況極為常見；可是，一想到上性教育時有說過不能看情色內容，就又陷入了苦惱。

妳有什麼樣的想法？

雖然不知道妳是在什麼樣的情況下偶然看到影片，但相較於偶然看到的人，製作那種內容並放到網路上的人才是壞人，是做出了錯誤的行為。我想替製作那種影片與上傳的人向你道歉，同時也替不斷製作那種影片，讓你在網路上逗留的許多大人感到愧疚。

我希望妳能自行思考一下，自己觀看影片時產生了什麼樣的想法。妳有必要想想看，起初看到影片時覺得心情怪怪的，這是屬於正面的反應，還是負面的反應呢？接著就能知道自己為什麼想看影片，又是基於什麼樣的心情。

為什麼會一直想看？

　　一旦看過色情影片，就會不斷想起，可是為什麼會這樣呢？是因為喜歡色情的內容嗎？還是因為受到性刺激，所以感到興奮？最大的原因是在於衝擊感。我們目睹非常恐怖或衝擊的畫面時，大腦就會受到非常強烈的刺激，所以才會持續想起。色情影片也一樣，會對我們的大腦造成強烈刺激，所以才會不斷想起。因此，平時如果浮現想看色情影片的念頭時，就要幫助大腦去想別的事情。

色情影片之所以負面的原因

　　有人會說，色情影片是給大人看的，所以青少年不應該看，可是大人也不該看色情影片（A 片）；雖然看 A 片在某些國家是合法的，但在韓國是無庸置疑的非法行為。最近大眾對於與性相關的成人內容變得敏感，認為 A 片、淫穢內容也應該以非法拍攝影片、非法性虐待影片、數位性犯罪受害影片等來形容之。

　　非法拍攝影片缺乏了「性」的三大要素：生命、愛與喜悅。非法拍攝影片中缺乏了太多要素，包括兩人是如何相遇、墜入愛河、如何發展成發生性行為的關係，發生性行為前分享過什麼樣的對話，做了什麼樣的準備，兩人之間是否達成共識。還有是否都帶著愉快的心情，而在這之後他們又有什麼樣的發展，是否對有小孩這件事達成共識、採取避孕

措施等都沒提及，可是卻被包裝成真正的「性」。這對於正在學習辨別真偽的青少年來說是道難題，而以假亂真的影片也因此對青少年帶來負面影響。當然，這對大人也是一樣。

非法拍攝影片還有其他問題，那就是有許多女性被視為性對象，是在男性操縱之下，為了解決自己的性慾而利用女性的內容。因此，如果看了過多非法拍攝影片並誤以為真，在現實生活中就會衍生許多與性相關的問題。

腦中不斷想起時，可以這麼做

前面說過，觀看非法拍攝影片後，大腦受到衝擊後可能會不斷想起，但觀看那些內容沒有任何益處。因此，如果突然產生想看的念頭時，可以立刻走到家人都在的客廳、和朋友通電話，或者到外頭散散步，讓大腦的注意力轉移到其他地方。

思考一下影片的出處

接觸到網路上的某個網站或朋友分享的性相關影片時，有必要思考一下影片的出處是哪裡。這部影片最早是誰製作的？最近上傳到網路上的性相關影片之中，絕大多數都是非法拍攝影片。所謂的非法拍攝影片，指的是出現在影片中的人大多沒有同意拍攝，又或者就算是一起拍攝，也沒有同意散布。

那麼，我們觀看就連登場人物都被蒙在鼓裡的影片，這樣真的好嗎？上傳到網路上的性相關影片大多是數位性暴力受害的證據，不適合讓我們拿來觀賞。如果不是檢舉受害的證據，而是用做其他用途，就可能成為共犯，因此必須抱持很高的警覺性。

只是觀看也可能受到處罰

過去光是下載影片收藏、再次散布檔案或利用該影片賺錢的行為，都是在處罰範圍內。但近年來，就算沒有下載檔案收藏，只是連上某些網站瀏覽就可能受到處罰。

觀看非法拍攝影片可能會成為法律問題，如果基於好奇心而點開來看，就可能受到處罰。尤其是當影片中的登場人物親自檢舉數位性暴力，或者受害者為兒童、青少年時，警察會積極進行調查，因此只要有人看過，就可能成為調查對象。先前是因為不懂，但既然現在知道了，就不該在網路上找性相關影片、照片或漫畫等來看。

以正確的管道學習「性」

「性」是一個非常廣泛的概念。人生中有無數個瞬間都與「性」有關，因此要好好利用、加以控制，才不會為其左右。「性」必須是一種正面的經驗。是因為加害者犯了罪，所以才會發生性犯罪事件，「性」本身並不是負面的。

在人生中要如何與「性」同行，是由自己來決定。「性」可以殺死一個人，也可以救活一個人；它可能使人成長，也可能毀掉一個人。看著別人受害的影片來滿足自己對性的好奇心，這是在救人，還是在殺人呢？這會使人成長，還是會毀掉一個人呢？希望妳能認真思考一下。

青春期正是探索自我的時期。這時會經常思考關於「我」的一切，自己擅長的是什麼，還有喜歡的又是什麼。儘管尋找往後要選擇什麼樣的出路、從事何種職業也很重要，但也同樣需要思考自己以後想成為什麼樣的大人，要如何在人生中管理「性」這件事，還有要如何建立屬於我的標準。願各位青少年不要透過網路或朋友，而是藉由書或專家，獲得正確的性觀念與正面想法。

㊾ 我懷孕了嗎？

在替青少年諮商時，總會碰到許多孩子詢問自己是否在發生性行為後懷孕的問題。光是點進入口網站 Naver 的「知識 IN」，就能輕易找到青少年詢問自己是否懷孕的問題。事實上，如果不是在能確認受孕與否的時間點使用驗孕棒，是很難事先預測的。此外，如果已經發生性行為，也幾乎沒有辦法明確判定沒有懷孕。

發生性行為時，是否有懷孕的可能性？

如果想要大略掌握是否懷孕，首先可以先摸索記憶，想想發生性行為時是否有懷孕的可能性。幾個月前，我下班之後正在吃晚餐，正好接到了電話，聽起來是個很年輕的女學生的聲音。

「喂？」

「啊……那個，請問您那邊是提供諮商的嗎？」

「是關於性的煩惱嗎？不過現在已經是下班時間了。」

「喔……好……那我知道了……」

聽到電話另一端無力顫抖的聲音，我感受到這個孩子的不安與恐懼，覺得很放心不下，於是在她掛斷電話之前趕緊說了一句：

「那個，妳是擔心自己懷孕，所以才打電話來的嗎？」

「啊！對……其實我跟男朋友……我很擔心會懷孕。」

我問她是怎麼發生性行為，還有是否採取避孕措施，結果得到了讓人哭笑不得的答案。在兩人都穿著內褲的狀態下，男朋友以勃起的狀態磨蹭了幾次，接著將摸過陰莖的手伸進女生的內褲，觸摸了女生的生殖器。與其說是性行為，事實上更接近愛撫，但這位女生卻擔心自己會懷孕。替青少年諮商時，雖然也有過確定有懷孕的可能性，因此必須盡快服用緊急避孕藥，或者兩週後要使用驗孕棒的狀況，但也有懷孕的可能性微乎其微的狀況。因此首先要做的，是確認該次性行為是否有懷孕的可能性。

如果性器官有結合，就需要確認是否懷孕

只要性器官有結合，無論是在體內或體外射精，都要看成是有懷孕的可能性。妳可能會覺得這樣講太誇張，但只要發生性行為，就一定有懷孕的可能性，尤其是十歲至二十

歲的孩子健康狀況良好，即便懷孕的可能性低，也很容易懷孕。因此，當雙方性器官結合，而且男生有射精的話，就必定要確認是否懷孕。

　　進行懷孕諮商時，主要都是發生性行為之後，或者月經晚了一兩天都沒來的時候，如果是得知懷孕後說要生下小孩的話，那就沒有任何問題，但如果不希望生育，就必須想盡辦法阻止。如果是已經發生了性行為，就要在確認狀況之後採取必要措施，而如果是「受孕期＋體內射精」等急迫的狀況（非常可能懷孕的狀況），就要盡快到醫院取得「緊急避孕藥」服用。「非受孕期＋體內射精」也一樣。至於比較沒那麼急迫的狀況，比如說「受孕期＋體外射精」（儘管如此，當然還是有懷孕的可能性），從發生性行為的當天開始到兩週後，最好透過驗孕棒確認是否懷孕。

　　驗孕棒以早晨第一次的尿液檢測會更準確，不過懷孕初期不會分泌太多孕期荷爾蒙，因此測出來可能只有一條線。如果使用驗孕棒之後月經依然沒來，最好在兩、三天後再驗一次。

避孕教育不可少

　　青少年諮商時，關於懷孕與否的問題多到超乎想像。如果是有過性行為經驗的青少年，持續發生性行為的可能性會更高。假如這些孩子不懂得善用避孕方法，對避孕的重要性

一知半解，就可能會因為性而影響到整個人生。因此，如果不想懷孕，就要事先避免它發生。這並不是在指責青少年懷孕本身是錯誤的，假如青少年已經做好充分準備，也可以成為很好的父母。不過，就現實面來講，幾乎沒有青少年是已經做好成為父母的準備，而青少年成為父母的契機，絕大多數也不是因為有計畫性的懷孕，而是「因為沒有避孕」。

假如是不想懷孕的女性，從性行為結束的那一刻到下次經期來臨之前，都會經歷無法想像的不安感。就算有避孕也都會感到不安了，想像一下，如果沒有避孕，又該會有多不安呢？避孕是在保護自己，也是對自己的行為負責，因此避孕不可或缺。假如避孕失敗，或者因為沒有避孕而導致懷孕，就必須決定該不該生下孩子，但無論做出什麼樣的選擇，都會需要協助，因為事關重大，已經超出了青少年能夠承受的範圍。因此，碰到這種情況時，希望你不是向同儕，而是向能信賴的大人或青少年輔導機構求助。

53 我懷孕了，想生下孩子

「我是高一生，我懷孕了，可是我想生下孩子，能夠幫幫我嗎？」

　　十到二十歲之間的孩子懷孕的情況要比想像中多，也因此小爸媽的比例也在增加。當青少年懷孕時，會碰到基於各種理由想生下孩子的情況，但光憑該理由就說要把孩子生下來撫養，就現實來說是相當困難的，因此需要三思。

客觀檢視情況

　　重要的是先確認眼前的情況，包括懷孕多久、寶寶和媽媽的狀態如何、生活狀況如何等，也要思考是否能把懷孕一事告訴家人，以及家人是否能夠接受。

　　在輔導未婚媽媽的過程中可知，是否獲得家人的支持，是生養孩子時非常重要的關鍵。此外，孩子的爸爸是否知道懷孕一事，如何看待把孩子生下來也很重要。假如孩子的爸爸不知情，媽媽就得獨自經歷懷孕與生產的過程，並獨力扛起養育的重擔；假如孩子的爸爸知情，則根據他採取何種態度，情況也會有所不同。

　　萬一孩子的爸爸不同意把孩子生下，就必須想辦法調適

心情，假如孩子的爸爸知情，也決定一起撫養孩子，那麼是否要辦理結婚登記，或者要先同居，各方面都有許多要評估的事項，而會為撫養孩子帶來資源，或者造成阻礙，都成了必須考慮的要素。學業部分也要考慮進去，假如目前還在就學，到了預產期就會碰到必須中斷學業的狀況，因此這部分也需要斟酌。

掌握資源

青少年想生孩子之前，最好先掌握自己的資源有哪些。最能帶來力量，實際生下孩子時也能幫上忙的資源即是家人。倘若家人知道自己懷孕的事實，也願意接納孩子，就等於多了幫忙照顧孩子的可靠援軍。但實際上，有許多青少年在得知懷孕的事實後，因為無法忍受家人的指責而離家出口，或者來到未婚媽媽社福機構，因此思考當自己生下孩子時，是否有人能幫忙也是必要的。

能取得協助的機構

獨自生下並撫養孩子，對青少年來說是過於沉重的負擔。這時若有人出手幫忙，將會帶來莫大的力量。關於青少年懷孕、生育及養育，有些機構能提供某種程度的支援與協助。

「韓國未婚媽媽支援網絡」提供各種支援，讓未婚媽

媽、小爸爸或小媽媽能夠生活無虞。從孩子出生後需要的生活費、嬰兒用品，到財務、居住、諮商、求職等生活各層面都能獲得協助。除此之外，各地區也有未婚媽媽中心，這種中心的營運是非公開的，也無法收容太多人，因此要先打電話詢問；如果能夠進入中心，甚至有些地方還供食宿，因此只要打聽後並請求協助即可。

這件事不容易，因此要慎重思考

在青少年時期生下、撫養孩子要比想像中更困難。我在替小爸爸、小媽媽諮商時，很常聽到這樣的話：「知道自己懷孕時，我原本想著無論如何都要把孩子生下來，但沒想到養孩子會這麼辛苦。早知如此，當初就不會生下孩子了。」

青少年懷孕時通常會最先感到害怕與茫然，因此有許多人會選擇動手術。不過，也有人無論如何都想保住孩子，下定決心把孩子生下來。這需要驚人的勇氣和決心。雖然真心佩服這份勇氣，但養孩子不是只吃一兩年苦頭而已，很多時候必須把孩子視為第一優先，超過二十年的時間沒有自己的生活。而與此同時，身邊的朋友想玩就玩、想談戀愛就談戀愛，繼續求學也沒問題，但自己什麼都沒辦法做，所以會心生欣羨，也會感到惶惶不安，彷彿自己的人生澈底停滯一樣。

生下並養育一個生命，等於在創造一個宇宙，因此必須

慎重以待。假如已做出決定，最重要的即是留心自己和孩子的健康，並向家人尋求協助。如果不行，就到未婚媽媽社福機構取得支援，找回穩定的生活。

青少年時期懷孕，不代表整個人生就落後他人或沒出息。妳還是可以先生下孩子，等到三十幾歲時再次挑戰想做的事，人生會根據妳的努力而發生改變。但是，孩子並不是妳試著養育之後，發現自己沒辦法應付，然後就能交給別人或拋棄的存在。養育孩子要比想像中更花錢，需要留意的事情也很多。一言以蔽之，就是人生會澈底翻轉。這並不代表青少年就無法當稱職的父母，只不過，想要成為好的父母，必須付出許多努力、不斷學習、多加忍耐。能否成為好的父母，差異在於準備與心態，而不是年紀。

希望妳能慎重地思考，做出選擇。還有，無論做出什麼樣的決定，都懇切地盼望妳不會為此自責，過得幸福。

54 我在睡覺，
弟弟卻把手伸進我的內褲

「我在睡覺，弟弟卻把手伸進了我的內褲。我雖然假裝睡著了，但到現在都害怕得要命。」

姊弟或兄妹同住一個屋簷下，不時會發生這樣的情況。有弟弟觸摸姊姊的情況，也有哥哥對妹妹提出性方面的要求，或者姊姊對弟弟做出不恰當的性相關舉動，不分性別。

避免造成心理創傷

發生這種事時，一定會飽受驚嚇，而且不是這樣就沒事了，因為會害怕再次發生同樣的情況，所以妳會想和弟弟保持距離，也會覺得自己的房間不再安全，導致不安達到最高點。這時需要積極處理，避免自己留下心理創傷。當然，妳可能會嚇得不知道該做何反應，但只要記住一件事，就是妳並沒有做錯任何事。

雖然知道自己沒有任何錯，但有人會擔心如果告訴父母，會導致家人之間發生衝突。因為是家人，所以要說出口可能會更困難，不過為了遵守家人之間的界線，避免同樣的情況上演，盡早說出來會是比較好的方法。

用自己能做到的方法來表達

妳可以把弟弟找來，要他坐下，接著說起睡覺時發生的事情。兩人當面說話時，比起態度模稜兩可，明確地傳達訊息更好。當妳問起：「你記得昨晚睡覺時摸了我的身體嗎？」的時候，弟弟可能會說是出於好奇，也可能說自己沒有印象，又或者會出現其他異想天開的答案，但無論聽到什麼樣的回答，妳都不需要驚慌，只要接著下去說就行了。

事實上，做出該行為的人記不記得並不重要，核心在於傳達出當事人經歷此事後受到極大驚嚇與不快的感受。無論弟弟說出什麼樣的答案，妳都要斬釘截鐵地說：「這件事嚇壞我了，而且現在也很不安。即便是家人也要遵守一些界線，也有些行為不該做。第一次可以看做是不小心，但希望以後你能特別注意，遵守彼此的界線。」假如提不起勇氣，妳也可以發脾氣，或告訴弟弟無法原諒他。只不過，假如妳無法原諒弟弟，也可以想一下希望弟弟怎麼做，並把自己的想法告訴他，這將有助於解決情況。如果覺得要開門見山地直說太困難，自己沒辦法辦到，也可以整理好思緒之後，用手機訊息或寫信傳達。無論是什麼，只要用自己能做到的方法去回應就行了。

請求協助也是個方法

萬一要採取任何行動都覺得太難太吃力，那也沒關係。沒有什麼非得照做不可的方法，因此別怪自己無法開口或為此痛苦，向其他家人求助也是個不錯的方法。會發生那件事、無法說出口，這一切都不是受害者的錯，因此無論任何情況，都希望妳不要自責。

假如情況不止發生一次，而是三番兩次發生，直接向父母發出 SOS 訊號會比直接當面說更好。弟弟可能是在睡夢中，也可能是出於好奇才犯下過錯（但不表示這種行為是合理的），但假如這種情況發生兩次以上，不僅不能看做是失誤或拿睡夢來當擋箭牌，也因為相同情況可能更頻繁地發生，所以不能放著不管。

碰到這種時候，不要想著要自行解決或獨自煎熬，最好直接向父母求助。唯有讓父母知情，他們才會留意弟弟往後的行為。在睡覺時數次觸摸姊姊的身體，這並不是普遍會有的行為，因此先觀察一陣子，之後可能會需要父母介入或尋求專家協助。

父母需要對家庭中發生的事情負起責任，也有守護子女、讓他們安全健康長大的義務，因此務必向父母求助，採取必要措施，避免相同的情況再度發生。

制定界線

　　如果希望一開始就不要發生這種事情，那麼進入小學之後，最好就不要睡在同一個空間。尤其是性別不同的兄妹或姊弟，就算是在睡夢中做出無意識的行為，對於被觸摸的人來說，依然可能會造成心理創傷。從上小學開始，為了彼此的安全著想，最好在各自的空間分開睡，而在家時的穿著、洗完澡之後的行為，也都要多加注意。

　　假如家人之間的界線本來就很模糊，對於穿著或空間都採取自由開放的態度，那就有必要認真地把這部分告訴父母，並改變家中的氣氛。這不是當事人本身的責任，而是必須在父母的主導、全家人的努力之下逐漸改變的部分。

(55) 我想和網路上結交的男朋友見面

「我是小六生，在網路上交了一個男朋友，但我想跟他見面。對方也約我見面，但如果媽媽知道之後一定會說不行。我該不該跟他見面呢？」

網路與現實的界線老早就已經消失，而且在網路上也能結交到好友，不過上頭確實也有不少危險的壞朋友。

那個朋友是好人嗎？

不能輕易相信網路上認識的人，原因就在於網路上顯示的檔案可以隨便造假。相較於在社區、學校和補習班親眼見到的無數朋友，在網路上認識的人很可能使用假的檔案和照片，而我們卻只憑這些就和那個人對話。或許正是因為沒有直接面對面，所以相較於平常見到的人，說話起來更自在，也很自然地誤以為彼此很親近、心靈相通、很談得來。可是，實際上自己可能根本不知道那個人真正是誰。也就是說，對方可能和我認識的那個人完全不一樣。

不清楚對方是誰，卻完全聽信那個人說的話，對那人說的姓名、年紀、居住地、家庭關係和喜歡的人事物全盤接收，但實際上見面時，那個人不也有可能和過去的說詞不一

樣嗎？那樣的人安全嗎？就算那個人和自己說的話如出一轍好了，但與從未見過的人單獨見面保險嗎？難道就連百分之一的危險性都沒有？希望妳能三思。

見面之後想做什麼？

希望妳能想一下，萬一要見面的話，兩人要做什麼，還有在哪裡見面。妳可能覺得在附近見個面，一起吃個辣炒年糕，坐在公園的遊戲區一起聊個天就夠了，但對方會不會想約在四下無人的地方見面，或者兩人單獨坐在公園遊戲區時，對方卻說出意想不到的話，或做出突如其來的舉動？

妳必須想一想，萬一真的碰上了那種情況，自己有沒有辦法避免自己碰到危險？萬一碰上危險卻無人能幫忙時，是否有辦法從危險中掙脫？

現實優先於網路

假如必須實際見到網友，就必須想像可能發生的無數危險情況並制定計畫，也要重新思考自己對那個人的了解有多少。還有一個重點是，萬一真的要去跟對方見面，也必須事先告訴某個人，自己幾點要在那裡跟誰見面。那人可以是要好的朋友，也可以是自己信賴的大人。許多青少年會擔心要去見網友時，父母會不讓自己去，所以就暗自偷偷赴約，甚至沒告訴任何人，但要是沒人知道，如果不巧發生危險情

況，就沒人幫得上忙了。

　　雖然最好別發生任何事，但假如不幸發生不好的事，卻因為沒人知道，以致無法前來幫忙的話，最糟的狀況可能會失去性命。因此，妳要為了萬分之一的可能性做好準備，務必將正確的日期、時間、關於見面對象的資訊告訴某人，又或者和朋友一起赴約，或許就能在危急時刻帶來一點幫助。不過也可能發生在網路上認識，但後來才發現彼此認識，或者對方是朋友的朋友。雖然彼此是在網路上認識，但如果實際上是住在同一區，而且也想在現實生活中跟對方當好朋友，那就可以告訴父母，並在第一次見面時和父母一同前往。

　　雖然可能會有各種情況，但妳之所以會提出這種問題，還有擔心媽媽會不讓自己去，一定都有背後的原因。妳可以認真地想想看其中原因是什麼，又是什麼令自己不安。實際跟網友見面是極為危險的事。雖然因為新冠肺炎爆發，所以無法正常上學，也無法見到朋友們，導致妳感到非常無聊且孤單。但就算是這樣，我希望妳仍能和身邊的人多對話，和住在附近或學校的朋友來往，別為了好玩或受到好奇心的驅使，置自己於危險之中。

「性」是人人平等的禮物

「老師，要是您以後生小孩，一定可以教養得很好。」

這是我在上課或知道我的職業之後，人們經常對我說的話。碰到這種時候，雖然我都只是一笑置之，但仍不時會這麼想：「假如真的生下孩子，我能做到平時告訴父母的那些事情嗎？」

我即將在今年走入婚姻，而就在不久前，我的妹妹才生了第二胎。透過這些在人生中迎接的大事，最近我思考了更多關於成家與成為父母的事情，而越是深入思考，就越能感受到上課時每一句話的重量。每天我都再次領悟到，所謂的父母是多麼偉大的存在，還有，隨著資歷逐漸累積，我也感覺到自己說的話的重量和影響力變大了。每天我都在思考自己該如何努力，才能對這個世界帶來良善的影響力。

身為性教育的講師、性諮商專家及管理公司的代表，我也有無數的煩惱，但目標都只有一個——幫助人們自主管理性（Sexuality），幫助大家活出幸福的人生。我認為，想達到這個目標，就得從我自己先幸福健康才行，所以需要持續

不懈地學習與努力。

　　每天我都能實際感受到身為專家的責任，因此期許自己能不停下腳步，持續學習與思考。為了避免停滯不前，我不斷奮力掙扎，也很享受並感謝這樣的過程。在這過程中我取得了博士學位，而現在則是在美國性教育者、諮詢師和治療師協會（AASECTA，America AssociationSexuality Educators, Counselors and Therapists）研讀性治療專家課程。除此之外，只要發現能反映社會脈動的性相關課程時，我也會毫不猶豫地參與其中。我認為除了以專家之姿分享知識之外，充實自己也同等重要。我希望透過無止盡的學習來壯大自己的器皿，將有益的內容物裝盛其中，並毫不保留地與我見到的人分享。

　　向他人介紹自己時，我會使用「性專家」這個頭銜。世界性學會（WAS）對「性專家」的定義是有能力進行性教育、性諮商與性治療的人。雖然這個概念在韓國還很生疏，但我的目標是成為不愧對此頭銜的「性專家」。此外，我希望在「Jaju School」將性教育大眾化，讓所有人都能接受性教育，而不會受到年齡、性別、學歷或地區等差異而被排除在外。在韓國建立培養「性專家」的系統，以及讓性教育成為大學必修通識課程，則是我的長期目標。

　　我想在此對讀到本書最後一頁的父母、過去透過課程遇見的父母，至今不曾謀面但很快就會有機會見面的父母，以

及時時將孩子擱在心上的所有父母，表達敬意。

最後，我想向我的父母表達無法用言語形容的感謝。他們在養育我的每一分一秒留下了汗水與淚水，讓我明白持續不懈地學習與挑戰是一件富有意義的事，也讓我懂得尊重這個世界。我也要向和我組成新的家庭，未來將成為我的神隊友、和我一起養育孩子的伴侶表達我的謝意與愛。

從事這份工作的過程中，我遇見了許多良師與恩人。我要感謝「Jaju School」的李錫遠代表，是他促使我成為更優秀的公司代表，而不只是在原地踏步的講師。我要向文聖恩經紀人、趙英碩經理致上感謝和愛，也真心地向我尊敬摯愛的教授們致謝。在此向「Jaju School」合作的講師們、和我們一起懷抱夢想 Jamong 第一期、第二期學員致意，還有向給總是真心為我加油的可靠援軍、希望之樹的家人們表達感恩之情。

我要再次由衷地感謝相信我、讓我撰寫此書的 Raonbook 出版社趙英碩所長，以及所有工作人員。

「性」是一份禮物，是任何人都能公平擁有的禮物。我會竭盡全力和人們溝通，好讓世界上所有人，都能因這份自己能擁有的禮物而感受到幸福。

二〇二一年風和日麗的春日

金民英

韓國性教育・性諮詢專業機構「自主學校」

何謂「自主學校」？

　　自主：自由思考，以自己為主體生活。

　　自主學校是一所性教育、性諮詢專業機構，主要協助幼兒至老人學習正確性知識、提高性意識，進一步帶領社會走向安全明朗的性文化。本機構以性教育大眾化為目標，提供全國所有年齡層諮詢與教育服務。

自主學校課程簡介

1. 個人諮詢、個人教育

　　提供個人化的諮詢及教育，若有性相關心理障礙或煩惱，亦可安排專業諮商心理師來協助諮商，解決問題。

2. 小班制性教育

　　專為八至十九歲兒童及青少年，以二～六名年齡相仿者組成小團體所開設的性教育課程。有別於一般的性教育，我們會依照教育對象的成長階段、知識水平進行教育課程規劃，提供最適合、最需要的內容。

　　一堂課總計 100 分鐘，包含子女性教育與家長意見反饋，上課地點可選擇自主學校或講師外派授課。老師與學員之間的互動良好，比團體課程更為實際且有效。

3. 家長小班制性教育

　　專為煩惱子女性教育或求好心切的家長，所開設的小班制性教育課程，只要是同一地區或彼此認識的幾個人湊在一起就可以開設課程，上課地點則可選擇自主學校或講師外派至指定地點上課。可以更全面、具體了解如何面對處理子女的性好奇或相關行為。

4. 特別講座

在企業、學校、機構等場合對大眾進行演講。有關演講次數、演講時間、演講主題，皆可溝通討論。我們會掌握邀請者與聽眾的需求，提供高品質、高滿意度的演講內容。

5. 自主學校性教育專業講師培訓課程

為了推廣大韓民國安全明朗的性文化，而開設的自主學校性教育專業講師養成課程，不僅由自主學校講師授課，還會邀請各界專家進行多元且富含深度的教育。尤其致力於提供學員能夠反映社會趨勢的性教育，因此，這是為了養成專業性教育講師所開設的課程。

6. 性教育音樂劇

由自主學校和「劇團 ArtSight」共同打造的全新性教育內容，透過音樂劇的生動表演與精采看頭，讓觀眾用更自然的方式接收性知識，備有適合不同年齡層觀賞的公演場次。

聯絡方式

電話：02-583-1230　KakaoTalk：자주스쿨　YouTube：자주스쿨
官網：jajuschool.com　社團：cafe.naver.com/jajuschool
部落格：blog.naver.com/jaju_school
地址：首爾特別市銅雀區銅雀大路 1 街 18, 307 號
（서울특별시동작구동작대로1길 18, 307 ）

補充資料

│ 數位性犯罪支援機構 │

・婦女救援基金會 https://www.twrf.org.tw/info/title/566

・iWIN 網路內容防護機構 http://i.win.org.tw/

│ 未婚懷孕社福機構資源 │

	機構名稱	聯絡方式及網址	服務內容
1	春菊馨家園（勵馨基金會）	・全國未成年懷孕諮詢專線：0800-257085 ・服務時間：週一至週五，09：00～18：00（國定假日例外） ・網址：https://www.goh.org.tw/product/babyfoottaichung/	1.未成年懷孕求助網站全人式個案管理服務家庭協商 2.經濟補助申請醫療協助 3.法律諮詢 4.危機處理
2	危機懷孕中心（財團法人基督教希望之光會）	・電話：06-221-2520 ・24 小時危機懷孕救援專線 0800-222-785 ・傳真：(06)2219826 ・地址：台南市忠義路二段 159 號 ・Email：rayofhopetaiwan@gmail.com ・服務時間：週一～週五早上 8:30～下午 5:30 ・網址：http://rayofhopetaiwan.org.tw/ch/cpc/	危機懷孕救援專線提供求援婦女保密且免費幫助

3	麻二甲之家 （財團法人 國際單親兒童文 教基金會）	・地址：台南市麻豆區港 尾里港子尾 1 號之 30 ・電話：06-570-1122 ・傳真：06-570-3266 ・Email：spef.tainan@ gmail.com ・網址：https://zh-tw. facebook.com/spef tainan0815/	1. 收容 18 歲以 下受暴虐、 弱勢之未婚 媽媽 2. 提供安心、 安全的待產 環境提供生 活照顧 3. 心理輔導 4. 就業培力
4	台南嬰兒之家 （財團法人 天主教善牧 基金會）	・台南市北區力行街 12 號 ・電話：(06) 2344009、 2340227 ・傳真：(06)2744145 ・Email：babycenter@ goodshepherd.org.tw ・網址：http://www. tnbabyhome.org.tw/	1. 提供未婚懷 孕及收出養 諮詢服務 2. 辦理出養童 安置服務 3. 辦理國內外 收出養服務 4. 因應服務對 象辦理各項 宣導及教育 活動與課程